UNA
ESPERANZA
Y UN
FUTURO

Sé más próspero que tus padres

Andrés Panasiuk

GRUPO NELSON
Una división de Thomas Nelson Publishers
Desde 1798

NASHVILLE   DALLAS   MÉXICO DF.   RÍO DE JANEIRO

Andrés Panasiuk

© 2014 por Andrés Panasiuk

Publicado en Nashville, Tennessee, Estados Unidos de América. Grupo Nelson, Inc. es una subsidiaria que pertenece completamente a Thomas Nelson, Inc. Grupo Nelson es una marca registrada de Thomas Nelson, Inc. www.gruponelson.com

Editora en Jefe: *Graciela Lelli*
Diseño: CREATORst

ISBN: 978-1-60255-927-1

Dedicatoria

Para Gabriela, Danielle y Nicolai, el tesoro más valioso de mi vida. Con el profundo deseo de que sepan que los planes para sus vidas son de bien y no de mal. Que tienen una esperanza y un futuro mejor por delante.

Dedicatoria

Contenido

Contenido

Introducción
Una esperanza y un futuro...

La primera vez en mi vida que tuve problemas económicos contaba unos veinticuatro años. Recién había terminado la universidad en la ciudad de Chicago sin deberle un peso a nadie. Sin embargo, ese año me casé y eso me provocó deudas por un total de tres mil dólares. Mis padres me regalaron cuatro mil dólares cuando vinieron a participar de nuestra boda. Yo tomé el dinero (muy agradecido, por supuesto), y en vez de pagar deudas, ¡me compré un auto! Entonces comenzaron mis problemas financieros.

Cuatro años más tarde, habíamos acumulado deudas por unos sesenta y cinco mil dólares, habíamos perdido la esperanza de pagarlas y sentíamos que nuestro futuro era cada vez más oscuro. Honestamente, no veíamos la luz al final del túnel.

Fue por esa época que nos encontramos con el doctor Larry Burkett y sus materiales. Nos transformó la vida. Nos cambió la existencia. No solamente pagamos todos nuestros compromisos, sino que, eventualmente, ahorramos suficientes recursos económicos como para lanzar una organización de alfabetización financiera en todo el continente... ¡dos veces!

En los escritos del famoso profeta Jeremías hay un verso que dice: «Yo sé los planes que tengo para ustedes, planes para su bienestar y no para su

mal, a fin de darles un futuro lleno de esperanza».[1]
Quisiera que sepas que tienes en lo alto a Alguien que ha hecho planes para que disfrutes de bienestar. Que tienes un futuro. Que tienes esperanza.

No importa quiénes han sido tus padres, el barrio donde has crecido o la educación que has recibido. Tienes un futuro lleno de esperanza. Estás al comienzo del camino y, si me lo permites, puedo acompañarte en el proceso de tomar decisiones que te lleven a disfrutar de una vida más plena que la de tus padres.

Puedes decidir tener un futuro mejor.
En mi libro *Los 7 secretos para el éxito* explico que este no es un destino. El éxito es un lugar donde tú vives. No es el pico de una montaña, es un camino. Mantenerte dentro de él o perderlo depende de las decisiones que tomas en la medida en que la vida te presenta sus diarios desafíos.

Ahora que tengo hijos adultos, me estoy dando cuenta de que, cuando uno es joven, se confronta con las decisiones más importantes de su vida a una edad en la que falta la perspectiva del tiempo. Cuando acumulas años, empiezas a ver qué les pasa a tus amigos y familiares. Además ves qué te pasa a ti con las decisiones que tomaste cinco o diez años atrás. ¡Empiezas a ver la vida en 3-D!

Es entonces cuando escuchas a tus padres o familiares decir: «¡Si yo solo hubiese hecho esto o aquello... pero ahora, es demasiado tarde».
¡Cómo nos gustaría ser el Doctor Misterio (o Doctor Who), para viajar por el tiempo y el espacio con el fin de arreglar metidas de pata del pasado! Sin embargo, eso es solo una posibilidad en las películas de ciencia-ficción. La verdad es que las decisiones que tomas hoy tendrán fuertes repercusiones por el resto de tu vida. Vivirás con ellas y las recordarás a menudo.

Si me das permiso, yo puedo ser tu Doctor Who. Yo puedo contarte sobre el futuro y mostrarte cómo tomar sabias decisiones económicas entre todas las oportunidades que se te abren cada día. Las decisiones sabias que tomes el día de hoy te darán una mejor experiencia de vida el día de mañana. Quisiera darte esperanza. Quisiera llevarte a un mejor futuro. Si tú quieres, podemos hacerlo juntos.

Morelia, primavera de 2013

¡LLAMEN A Freud!

Cap 1

LA MANIPULACIÓN DE LA IDENTIDAD

En la famosa película *El caso Bourne* (o *Identidad desconocida*), Jason Bourne es rescatado por un barco pesquero cerca de Marsella. Además de encontrarse a la deriva y con unos cuantos balazos en el cuerpo, el señor Bourne tiene un serio problema: no recuerda quién es. En el resto de esta película (y la serie) de acción y aventuras, el protagonista se la pasa tratando de descubrir quién es y por qué lo quieren matar.

Es una gran película. Apela a un tema existencial: ¿quiénes somos y cómo es que el trabajo que realizamos impacta nuestra experiencia de vida? También muestra la tremenda necesidad que tenemos los seres humanos de definirnos en el contexto de nuestra historia y nuestras experiencias.

Por otro lado, en el mundo más allá de Hollywood, vive Theresa Robinson,[1] una joven de veintitrés años que reside en las afueras de Londres. Mientras las torres gemelas de Nueva York eran atacadas en septiembre de 2001, su vida también se le caía en pedazos. Afectada por una rara enfermedad (meningoencefalitis), Theresa entró primero en un estado de shock y, luego, en una situación de coma de la cual los doctores no esperaban que saliera viva.

Todo cambió cuando un par de semanas después, de pronto recobró el conocimiento. En ese momento, Theresa se dio cuenta de que no solo había perdido su salud, sino que también había perdido una buena parte de su memoria.

Perdió, por ejemplo, la memoria de sus estudios de abogacía, la capacidad de reconocer amigos e, incluso, el recuerdo de haberse enamorado y casado con un joven llamado Matt. La crisis que generó el proceso de recuperación eventualmente la llevó a perder muchos de sus amigos, y a la ruptura de su matrimonio.

Quiénes somos y cómo nos vemos son una parte esencial de nuestra existencia. Nuestra identidad personal determina cómo pensamos, cómo pensamos determina cómo tomamos decisiones, y las decisiones que tomamos nos llevan por el camino del éxito o del fracaso en la vida. Ya sea que seamos súper agentes del gobierno norteamericano o amas de casa en una pequeña ciudad europea.

A.W. Tozer (1897-1963)
Uno de mis teólogos favoritos en la vida se llamaba Aiden Wilson Tozer. Es uno de esos escritores que cuando uno los lee, los tiene que leer y releer, por la profundidad de sus pensamientos.

Cuando tenía como veintitrés años alguien puso en mis manos un librito escrito por Tozer que se llama: *The Knowledge of the Holy* (*El conocimiento del Dios Santo*). No tenía más que unas ochenta páginas. Cuando lo vi pensé que no me tardaría más que una tarde de sábado para terminarlo, a lo sumo todo un día.

Siete semanas después, todavía estaba leyendo a Tozer y no podía terminarlo...

Tozer comienza *The Knowledge of the Holy* diciendo: «Lo primero que viene a tu mente cuando piensas en Dios es lo más importante que piensas sobre ti mismo».[2]

Léelo nuevamente. ¿No es cierto que Tozer es profundo? Medita... Tómate tiempo para pensar.

Lo que Tozer quiere decir es que la imagen mental que tenemos de Dios determina nuestra propia identidad. Quién es Dios para mí determina quién soy yo, y eso tiene un profundo impacto en la forma en que manejo mi vida: desde la forma en la que elijo una esposa hasta la forma en la que tomo decisiones económicas (como elegir la carrera que voy a seguir, la universidad en la que voy a estudiar y hasta el auto que me voy a comprar).

Por ejemplo:

Si Dios es...	Creador	Yo soy...	Criatura. Hecho a su semejanza.
Si Dios es...	Padre	Yo soy...	Hijo. Heredero. La niña de sus ojos.
Si Dios es...	Rey del reino celestial	Yo soy...	Ciudadano del cielo. Embajador del reino.
Si Dios es...	Señor	Yo soy...	Esclavo. Sirviente. Siervo de mi Amo...

...pero si Dios es un supermercado o el Seguro Social... ¿quién soy yo?... Soy un consumidor, un cliente que debe ser satisfecho.

Pensamos:
- *Dios existe para servirme a mí.*
- *Dios existe para salvarme a mí.*
- *Dios existe para amarme a mí.*
- *Dios existe para perdonarme a mí.*
- *Dios existe para darme a mí todo lo que le pido...*

...y si no me lo da, ¡me enojo!

Tenemos una imagen distorsionada de quién es Dios. El centro de mi relación entre Dios y yo... ¡soy yo!

 Nos ha llegado la *sociedad de consumo* y ahora hemos aprendido a consumir a Dios. Lo percibimos como un «proveedor de servicios». Es por eso que cuando Dios no nos da las cosas que le pedimos, nos ofendemos. Porque pensamos que él existe para satisfacer nuestros deseos. ¡Nada más lejos de la realidad!

Sin embargo, el profeta Isaías, en el capítulo 43, verso 7 dice que todos los que hemos sido llamados por Dios, hemos sido creados *para la gloria de su nombre*.

La verdad es que:
- Nosotros existimos para servirle **a él.**
- Nosotros existimos para amarle **a él.**

- Nosotros existimos para entregarnos **a él.**
- Nosotros existimos para darle **a él** todo lo que él nos pida.

Hemos perdido la idea de que servimos a un Dios grande. Él es el Rey de reyes y Señor de señores, él es el Alfa y la Omega, el Principio y el Final, el Creador de lo que vemos y de lo que no vemos, ¡el que sostiene al universo en la palma de su mano!

Nos hemos olvidado de que el Padrenuestro tiene mucho más que ver con el Padre que con lo nuestro. Comienza con el Padre y termina con él, y todo lo que hay en el medio se relaciona con su persona.

La oración que Jesús nos enseñó a hacer[3] enfatiza las tres cosas que más le importan a Dios: su nombre, su reino y su voluntad. Dice: «...santificado sea tu nombre, venga tu reino, hágase tu voluntad...». El resto de la oración, tiene que ver con esas cosas:

- «El pan nuestro de cada día dánoslo hoy...». ¿Para qué? Para que su nombre sea respetado en el mundo económico, para tener energías para avanzar su reino y obedecerle, haciendo su voluntad.
- «Perdónanos nuestras deudas como también nosotros perdonamos a nuestros deudores...». ¿Para qué? Para que cuando perdonamos a aquellos que nos han hecho mal, tengamos la oportunidad de mencionar su nombre, traer a esas personas a su reino y cumplir de esa manera con su voluntad.
- «Y no nos metas en tentación, mas líbranos del mal...». ¿Para qué? Para que, de esa manera, no dejemos mal parado su nombre, no dañemos la imagen del reino ni violemos su voluntad.

Y todo el Padrenuestro termina enfatizando que «tuyo es el *reino,* y el *poder,* y la *gloria*, por todos los siglos».

Pensar que nuestras oraciones a Dios se deben centrar en nuestras propias vidas y necesidades representa una experiencia de vida cristiana verdaderamente superficial e inmadura.

Por supuesto, estas ideas no tienen nada que ver con la creencia o no de que Dios tiene poder para salvar, para sanar y para hacer los mismos milagros hoy que en los días de la antigüedad. ¡Claro que creemos firmemente en el poder de Dios y en que él es el mismo ayer, hoy y por los siglos!

El asunto es ver dónde está el centro de nuestra relación con Dios y descubrir realmente cuál es la imagen que tenemos de él: Dios como un elemento para consumir, como un proveedor de servicios o como el Rey de reyes y Señor del universo. Una imagen utilitaria de Dios o una imagen apropiada en la que él reina en tu vida.

Tener una clara idea de quién es Dios, quién eres tú y qué espera él de ti será determinante para la forma en la que tomarás decisiones económicas por el resto de tu vida. Te llevará por el camino de la pobreza personal o del bienestar integral. Te dará un futuro de mal o de bien. Te desesperará o te proveerá de esperanza.
La elección es tuya.

BÚSCAME EN FACEBOOK Y TWITTER: AGPANASIUK

PARA HABLAR CON TUS AMIGOS:

Las oficinas de mercadeo saben que tu identidad es un elemento importantísimo en el proceso de tomar decisiones de compra. Los consumidores, según dicen los expertos en mercadeo, desarrollan una determinada identidad en el mercado.[4] Una imagen de quiénes son y de lo que desean llegar a ser. Ese deseo puede ser manipulado para crear necesidades inexistentes o para vender un producto imaginario que nada tiene que ver con lo que se está publicitando.

1. Apunta el lector de códigos QR en tu teléfono inteligente a esta imagen y piensa: ¿qué te están vendiendo?

- _____
- _____
- _____
- _____
- _____
- _____
- _____

Si no tienes un lector todavía, busca en la tienda de tu teléfono por las palabras «QR Reader». También puedes encontrar un enlace a este comercial llamado Axe Click en la página de Cultura Financiera:
www.CulturaFinanciera.org/EsperanzaDeFuturo

2. Con toda honestidad: ¿qué tanto te importa la imagen que tienen otros de ti?

_____

_____

_____

_____

_____

_____

...¿Y la imagen que tienen tus amigos de ti? ¿Te importa?

_____

_____

_____

_____

_____

_____

3. ¿Qué tipo de cosas puedes hacer para ayudar a que otros chicos y chicas de tu edad desarrollen una imagen centrada y apropiada de Dios?

_____

_____

_____

_____

_____

_____

_____

_____

_____

4. Completa y, luego, comparte estos casos de estudio (por separado) con tus amigos y nota lo que ellos te dicen:

Caso de estudio I: se te murió la tía rica que vivía en París. Te dejó cien mil dólares en su testamento. Hoy te lo depositaron en una cuenta de banco a tu nombre. ¿Cómo te lo vas a gastar? ¿Cuáles serían tus prioridades?

• _____

_____

• _____

_____

• _____

_____

• _____

_____

Caso de estudio II: ayer en la noche se te apareció el ángel Gabriel y te dijo que Dios le envió a encontrarse contigo para encomendarte una misión especial para él. El arcángel extiende su mano y te da una caja de madera recubierta en oro.

La abres y adentro encuentras cien mil dólares en dinero en efectivo. El ángel te dice: «Dios quiere darte este dinero para que lo gastes de la manera en que lo haría él en tu vida. Si quieres, puedes usar el dinero en ti, pero recuerda que el día de tu muerte darás cuenta de cómo has usado esta pequeña fortuna».

Pregunta: ¿cómo te lo vas a gastar? ¿Cuáles serían tus prioridades?

• _____

_____

- _____
  _____
- _____
  _____
- _____
  _____
- _____
  _____
- _____
  _____

La diferencia entre el caso I y el caso II es la diferencia entre cómo nos vemos a nosotros mismos en la vida: como dueños de lo que tenemos o como administradores de lo que hemos recibido de lo Alto. ¿Cómo te sientes tú, honestamente?

5. Finalmente, si Dios es Dueño y Señor, y nosotros somos sus hijos, sus administradores y sus esclavos obedientes, ¿cómo crees que eso afecta la forma en la que tomamos decisiones económicas?

_____
_____
_____
_____
_____
_____
_____
_____
_____

¿DÓNDE ESTÁ EL Norte?

Cap 2

EL NAVEGANTE SIN RUMBO...

Escuché una vez la historia de un navegante peruano que salió del puerto de El Callao (cerca de Lima) a navegar por un rato. De pronto, una fuerte tormenta lo sorprende y lo aleja de la costa rápidamente. En medio del temporal, nuestro navegante no ve el rumbo que ha tomado su barco. Por protección, decide arriar las velas, echar el ancla y bajar a su camarote hasta que la tormenta pase.

Cuando finalmente la tormenta pasó, el hombre sale a cubierta y recorre el velero para ver si hay algún daño. Gracias a Dios, la nave no muestra ningún tipo de problemas.

El navegante sonríe y se apresta para volver a su punto de partida. Es ahí cuando se da cuenta de que lo único que ve por todos lados es agua.

La tormenta lo ha llevado muy lejos de la costa y ahora está perdido.

Sin instrumental de rastreo ni radio para comunicarse, se asusta y, como les pasa a algunas personas en situaciones desesperadas, se acuerda de que existe un Dios. Mirando hacia el cielo grita a viva voz:

–Estoy perdido, Señor, ¡estoy perdido!...

En ese momento, aunque parezca mentira, un milagro ocurre de manera casi instantánea: una luz lo inunda, lo rodea una gran nube blanca y, como en las películas, escucha una profunda voz que le dice:

–¿Qué te ocurre hijo mío?

El hombre se arrodilla inmediatamente e implora temblando de miedo:

–Estoy perdido, Señor... ilumíname, por favor. ¿Dónde estoy, Señor? ¡No sé dónde estoy!

En ese momento, la voz responde al pedido desesperado, y dice:

–Estás a 12 grados latitud sur, 78 grados longitud oeste.

–¡Ahhhh! ¡Gracias, Señor... gracias! –dice el hombre frente a la ayuda divina.
La nube comienza a despejarse y el navegante, después de un segundo de silencio, rápidamente grita:

–¡Espera!.. ¡Espera, oh Dios! ¡Todavía estoy perdido!

Acaba de darse cuenta de que saber dónde está no es suficiente para dejar de estar perdido. Vuelve la nube y la voz:

–¿Qué ocurre ahora? –pregunta.

–Es que, en realidad, no me alcanza con saber dónde estoy, cuál es mi punto de partida. Necesito saber mi meta, el lugar donde está mi puerto de llegada.

–Bien –dice la voz–, *eso es fácil: vas de vuelta al puerto de El Callao, en Lima.*

Y cuando la luz comienza a apagarse y la nube a disiparse nuevamente, el navegante grita una vez más:

–No, no... ¡Es que todavía estoy perdido!

La nube y la luz vuelven por tercera vez y la voz profunda, un poco inquieta dice:

– Y ahora... ¡¿qué pasa?!

–No... Es que... sabiendo dónde estoy y sabiendo el lugar a dónde voy, sigo estando tan perdido como antes; en realidad no sé dónde está ubicado El Callao.

La voz responde:

–Lima está a 12 grados latitud sur y 77...

–¡No, no, no! –irrumpe el peruano–. ¡Eso no me sirve!... No es suficiente saber dónde estoy y a dónde quiero llegar. Necesito saber cuál es el camino para llegar desde aquí hasta allí... ¡Oh, Señor! Por favor, muéstrame el camino...

Mientras el viajero perdido sigue llorando desconsoladamente, cae desde el cielo un mapa enrollado y atado con un lazo rojo. Lo abre y ve que se trata de un mapa marino. Arriba y a la izquierda un puntito azul que se enciende y se apaga dice: «Aquí está usted». Abajo a la derecha, en un punto amarillo se lee: «Lima, Perú». Y en un tono anaranjado brillante, el mapa marca una ruta, el camino a seguir para llegar al puerto de El Callao. Al navegante, finalmente, se le dibuja una sonrisa en el rostro. Se arrodilla, una vez más, y le da gracias a su Salvador:

–¡Gracias, Dios mío!...

Nuestro improvisado y desgraciado héroe mira el mapa, enciende el motor, estira las velas, observa el horizonte en todas direcciones...

Y después de un segundo de pensarlo grita con todo el corazón:

–¡Oh noooooo! ¡Todavía estoy perdido...!

Por supuesto. Tiene toda la razón del mundo. El pobre hombre sigue estando tan perdido como antes.

Mire donde mire, sigue viendo solo agua y toda la información reunida no le sirve demasiado. El tiene conciencia de dónde está, sabe cuál es la meta, conoce el camino que une el lugar donde está y la meta adonde va, pero no sabe hacia dónde debe apuntar su barco para empezar el viaje.

Para dejar de estar perdido, necesita dirección -necesita saber el *rumbo*.

Cuando los tiempos de decisión vienen a la vida, cuando el temporal de lo inesperado nos azota, cuando llegan las oportunidades que nos pueden hacer o deshacer la existencia, es entonces cuando uno necesita conocer el rumbo a seguir. Hacia dónde apuntamos el barco hace toda la diferencia en nuestra experiencia de vida. Te lleva hacia al éxito o te destroza.

Una lección de la época de las Malvinas

Recuerdo que la Guerra de las Malvinas comenzó un 2 de abril de 1982, cuando yo estaba todavía en pleno entrenamiento militar en las afueras de la ciudad de Buenos Aires. A pesar de que prefiero no hablar de mi experiencia personal en los meses que siguieron, quisiera hacer un paréntesis para decir que creo que los mejores soldados fueron llevados al Atlántico Sur, y los *no tan mejores* fuimos los que nos quedamos en los cuarteles. Mis respetos para cada uno de ellos y sus familias.

Menciono este asunto del ejército en mi vida, porque fue allí donde, por primera vez, aprendí a navegar en tierra orientado por los puntos cardinales.

Es increíble, pero aunque seas abandonado en cualquier lugar geográfico, si sabes dónde estás y a dónde quieres ir, tú puedes llegar adonde quieras con la ayuda de ese pequeño instrumento llamado «brújula».

Una brújula no necesita de baterías; ni de conexión a Internet; ni de satélites; ni de la luz del sol, la luna o la visualización de las estrellas. Es un artilugio imprescindible en cualquier mochila de *trekking* o turismo de supervivencia. A mí me parece que es uno de los mejores inventos en la historia del mundo.

La brújula es diferente del GPS.[1] No solo son aparatos diferentes, sino que también operan bajo conceptos completamente distintos. La brújula, por ejemplo, no te indica cómo llegar al lugar donde quieres ir. La brújula siempre indica donde está el Norte.

Pero si tú sabes donde está el Norte (en este caso el Norte magnético del mundo), puedes navegar por tierra, por aire o por mar hacia cualquier lugar que quieras.

De la misma manera, en la vida hay muchos momentos en los que te vas a encontrar en medio de un lugar desconocido. Vas a necesitar tomar decisiones en medio de la tormenta. Vas a encontrarte con oportunidades que no sabes si te van a llevar al éxito o al fracaso. En todos y cada uno de esos casos, es imprescindible que sepas dónde está tu Norte, que tengas claros los principios y valores que guiarán tu decisión.

Cuando funcionas de esa manera, no importa cuál sea el problema, no importa cuál sea la situación en la que te encuentres, el tiempo o el lugar. Tú sabrás qué es lo mejor para ti, aunque todo el mundo te diga que no te entienden o que lo que estás haciendo es una locura. Sabrás cuál es la dirección correcta.

Por eso siempre que enseño de finanzas, comienzo diciendo que en el mundo del manejo económico o el manejo de las empresas, el *ser* es mucho más importante que el *hacer*.

Ya lo dijimos antes:

- Quién tú eres determina cómo tú piensas.
- Cómo tú piensas determina cómo tomas tus decisiones.
- Cómo tomas tus decisiones, determina tu éxito o fracaso en la vida.

Por ejemplo, si estás cansado o cansada de la corrupción de la gente que trabaja para el gobierno de tu país, tú puedes establecer como un «Norte» el hecho de que nunca en la vida vas a sobornar a alguien para lograr una meta. Cuando te pidan un soborno, mira al dinosaurio a la cara y dile con respeto y firmeza que tú nunca, nunca, nunca, por ninguna razón y bajo ninguna circunstancia, pagas sobornos.

Eso requiere tener tus pantalones (o tus faldas) bien puestos. Porque ese tipo de decisión trae consecuencias que debemos estar en la disposición de afrontar si es que vamos a cambiar el país.

Sin embargo, de ahora en adelante, la decisión es fácil. Cada vez que te pidan un soborno, ya sabes cómo contestar. Ni siquiera necesitas pensarlo.

Puede que decidas que vas a abrazar el *orden* en la vida. Hacer las cosas con orden es tu Norte. Cuando alguien te proponga hacer un negocio de forma desordenada, tú ya sabes qué responder. Sabes que no te quieres meter con gente que lleva dos libros de contabilidad paralela, que no paga impuestos, que miente al gobierno y engaña a los clientes... Si la cosa no está clara y ordenada, tú no participas. Eso es establecer tu Norte.

Cuando escribí mi primer *best seller* titulado *¿Cómo llego a fin de mes?*, yo sugerí a mis lectores siete principios importantísimos que debían ser parte de su Norte. Los llamamos: «los Principios P». Si me permites, me gustaría compartir esa lista contigo. Estos son:

1. El principio de la renuncia: nada es mío. Todo me ha sido dado por gracia. Yo debo pensar como un administrador y no como un dueño.

2. El principio de la felicidad: debemos aprender a ser *felices* en el lugar económico en el que nos encontramos. Más dinero, más diversión, pero diversión no es *felicidad*.

3. El principio de la paciencia: la perseverancia es la que distingue al mediocre del exitoso.

4. El principio del ahorro: el ahorro es la base de la fortuna. La riqueza es la *acumulación* de recursos, y no está directamente relacionada con un gran salario.

5. El principio de la integridad: lo que siembras, cosechas. La integridad mantiene la gracia sobre nuestras vidas.

6. El principio del amor y la compasión: es mucho mejor dar que recibir.

7. El principio del dominio propio: mejor que dominar una ciudad es dominarse a sí mismo.[2]

Estos principios deben formar parte de tu fundamento filosófico en la vida. Si quieres que te vaya bien en tus finanzas, debes adoptarlos, debes abrazarlos y debes vivirlos cada día. Debes rechazar el pragmatismo en el que has crecido («así *funcionan* las cosas en nuestro país»), debes hacer caso omiso de la ética situacional («las cosas están bien o están mal dependiendo de la *situación* en la que te encuentres»), y debes rebelarte frente a los negativos y derrotistas que te dicen que «siempre hemos hecho las cosas de esta manera en este país».

Sé diferente. Si haces lo mismo que los demás nunca lograrás resultados distintos. Los que se comportan diferente son los que llegan a lugares adonde otros jamás han llegado.

Escucha una canción de Marcela Gándara[3] que se titula «Tu Palabra». Presta atención a la parte en la que ella dice que uno podría estar perdido como un náufrago en el mar, perder hasta la vida, sentirse como un huérfano en la vida, pero aun así la Palabra de Dios te sostendrá.

Si no puedes leer este código QR, visita **www.CulturaFinanciera.org/EsperanzaDeFuturo** y allí encontrarás un enlace a esta canción.

Cuando uno tiene una brújula, un lugar al cual mirar para saber dónde está el Norte, los problemas no cambian, pero nuestro nivel de estrés es totalmente diferente.

La literatura del ser y del *hacer*

Me gustaría compartir contigo un material que tomé de mi libro *¿Cómo llego a fin de mes?*[4] y que habla sobre este asunto:

> Después de leer a Stephen Covey en *Los 7 hábitos de la gente altamente efectiva* me he convencido de que el pragmatismo del «Cómo hacer...», dentro de nuestros países de habla hispana, es el resultado, de los últimos cincuenta años de la literatura «del éxito» en Estados Unidos.[5]
>
> De acuerdo a Covey, en los últimos 200 años de literatura norteamericana sobre el tema de cómo alcanzar el éxito en la vida, los primeros 150 (aquellos años formativos del país como una potencia económica mundial), apuntan primordialmente al carácter personal como la fuente de la cual surgirían los elementos necesarios para triunfar. Me gustaría llamar a esta literatura «la literatura del *ser*».
>
> Esta literatura estaba profundamente influenciada por el trasfondo religioso que los colonizadores de esas tierras trajeron desde Inglaterra y otros países europeos. En su *best seller*, *Confianza*, Francis Fukuyama explica que uno de los grandes secretos para el éxito de la economía norteamericana durante la última parte del siglo XIX y la mayor parte del siglo XX es el paquete de valores que estos colonizadores llevaron consigo al nuevo mundo.
>
> Parte de este *paquete* fue el rechazo al «verticalismo» político europeo, la adopción de una administración «horizontal» del país, una fuerte creencia sobre los beneficios y el honor del trabajo duro, la responsabilidad personal, sus labores como una expresión de fidelidad, la convicción de tener que dar cuentas por los actos realizados en la tierra, el concepto de la integridad y la honestidad, y una visión de la vida que incluía la vida más allá de la muerte. Eso fue lo que les llevó a

tener una visión de las cosas con profundidad en el tiempo.

La literatura del *ser*, según Covey, apunta primordialmente a moldear nuestro carácter. A tocar temas como la integridad, la humildad, la fidelidad, la valentía, el honor, la paciencia, el trabajo industrioso, la modestia y la simplicidad.

Es interesante que son justamente ese tipo de consejos los que escribe a su heredera en sus famosas «Máximas para mi hija» Don José de San Martín, el famoso libertador argentino.

Sin embargo y por otro lado, desde los años 1940 en adelante se nota un incremento considerable de una literatura del éxito más pragmática: una literatura técnica, orientada hacia los procesos. El éxito, entonces, comienza a depender de la personalidad, de las actitudes, del comportamiento. El énfasis en esta literatura, según Covey, tiene dos áreas fundamentales. Por un lado, se enseña al lector cómo manejar las relaciones interpersonales y, por el otro, se le enseña a tener una «A.M.P.» (Actitud Mental Positiva). Esta es la literatura que yo llamaría «la literatura del *hacer*».

Típicos temas de este tipo de libros podrían ser (y aquí estoy citando títulos imaginarios): «Los cinco pasos para hacer amigos y venderles todo lo que usted quiera», «Los tres secretos para el éxito», «Cómo vestirnos para triunfar», «Lo que su mente puede creer, usted lo puede hacer», y cosas por el estilo.

Este tipo de literatura no es errónea. Simplemente es importante entender que la literatura del *hacer* llega al público norteamericano después de 150 años de énfasis en la literatura del *ser*.

Una construye sobre la otra. El problema es que, al parecer, nuestras sociedades se han olvidado de la literatura que apunta hacia la formación de nuestro carácter, para enfatizar primordialmente en la que apunta hacia los procesos y técnicas pragmáticas. Eso es normal en nuestro continente: absorbemos todo lo que viene del norte sin filtros ni anestesias.

La literatura del *hacer* nos deja con una sensación de estar vacíos, nos enseña a crear una máscara exterior y a aparentar lo que no somos con el fin de obtener los resultados que queremos. Estos procesos no son permanentes, como tampoco lo son sus resultados.

Es por eso que a lo largo de este libro una de nuestras tareas será el producir en ti un cambio de personalidad. Cambiarte interiormente para que ello cambie tu comportamiento. Darte un nuevo ser para que impacte tu *hacer*.

Prepárate para cambiar. Prepárate para adoptar un nuevo Norte.

Principios y valores

Hay una gran diferencia entre principios y valores (a pesar que la gente utiliza los términos en forma intercambiable). Aunque sé que hay diversas posiciones y enseñanzas con respecto a este tema, permíteme aportar mi granito de arena y compartirte mis ideas y definiciones con respecto a lo que creo yo que son los principios y los valores.

Yo creo que los valores son aquellas cosas que nosotros creemos importantes en la vida. Los valores pueden ser buenos o malos.

Por ejemplo, cuando mi familia y yo solíamos servir a la gente de habla hispana en uno de los barrios más violentos de Estados Unidos, nos dábamos cuenta que los miembros de las pandillas compartían entre sí, los mismos valores. Eran valores erróneos, enfermizos, equivocados, pero todos y cada uno de esos pandilleros indiscutiblemente compartían valores que tenían en común.

Los principios, por otro lado, creo que no pueden ser buenos o malos, correctos o incorrectos. Los principios, a mi modo de ver, son siempre buenos, son siempre correctos. Una persona simplemente los obedece o los desobedece.

Los **valores** son los materiales de una casa. Es importante tener los materiales correctos para construir la casa que queremos. (¿Quién se podría imaginar tratar de construir una casa de tres pisos con los materiales hechos de papel y cartón?)

Los **principios**, por otro lado, son las normas y reglas que debemos seguir si queremos construir una casa que perdure. No importa qué tipo, tamaño o forma tenga la casa. Los principios de la construcción de casas siempre serán los mismos.

Presta atención, entonces, al resto de este libro. Mira con cuidado las historias, los videos, las canciones, los poemas y las actividades prácticas que compartiré contigo. Allí te daré la lista de cosas que debes *ser* y *hacer* para tener una vida muy diferente de la que tuvieron tus padres.

Lo podemos hacer juntos, si quieres.

BÚSCAME EN FACEBOOK Y TWITTER: AGPANASIUK

PARA HABLAR CON TUS AMIGOS:

Mira la historia de Amelia Earhart. Muéstrale el video a tus amigos. También puedes encontrar un enlace a este video en la página del Instituto para la Cultura Financiera: **www.CulturaFinanciera.org/EsperanzaDeFuturo**

La historia de Amelia nos ilustra vívidamente los problemas que podemos sufrir en la vida si no tenemos nuestra brújula espiritual apuntando correctamente al Norte. Dios quiere llevarte a una tierra prometida, pero si no ajustas tu brújula, puede que nunca entres...

Lee esta historia y piensa: ¿qué es lo que debería hacer Juan?

Juan era un devoto cristiano que trabajaba para una empresa editora muy grande. La empresa para la cual trabajó por tantos años terminó eliminando la división a la que pertenecía dejándole literalmente en la calle con todos sus demás compañeros.

Un tiempo después, un grupo de inversionistas que no tenían temor de Dios le propusieron asociarse para crear una empresa que proporcionara exactamente los mismos servicios que daba la división en la que él solía trabajar.

El deseo de Juan era el de operar esta nueva empresa de acuerdo con los preceptos bíblicos, sin embargo no tenía control respecto de las actividades que realizaban los demás socios. Para iniciar sus actividades, los socios usaron la «cartera de clientes» de la división eliminada en la empresa anterior. Eso fue algo valiosísimo para establecer sus primeros contactos y lanzar exitosamente la empresa.

Por otro lado, la empresa editora en la cual había trabajado Juan, vendió todo el inventario de la división desactivada, con la cartera de clientes incluida.

Cuando la empresa compradora descubrió que sus ventas estaban muy por debajo de lo que se había anticipado, decidió llevar a juicio a la empresa de Juan por prácticas desleales de negocios basados en el hecho de que habían hecho uso de una «cartera de clientes» (o base de datos) que no les pertenecía, pues era de propiedad de la empresa original.

1. ¿Cómo debería responder Juan si, en medio del juicio, se le pregunta si sabía que se estaba usando dicha lista sustraída de la antigua empresa?

_____

_____

_____

_____

_____

_____

_____

2. Honestamente, ¿cómo te sentirías tú si estuvieras en su misma situación? ¿Cuáles serían tus luchas internas?

_____

_____

_____

_____

_____

_____

_____

_____

_____

_____

3. Mira hacia atrás en el tiempo. ¿Cuáles fueron las decisiones erróneas que tomó Juan y que ahora lo colocaron en este aprieto moral?

- _____
  _____

- _____
  _____

- _____
  _____

- _____
  _____

- _____
  _____

- _____
  _____

- _____
  _____

4. Lee los siguientes versículos bíblicos para profundizar y entender mejor el contexto bíblico del problema. Luego, vuelve al punto anterior y suma más ideas:

> ○ «El SEÑOR aborrece a los de labios mentirosos, pero se complace en los que actúan con lealtad».[6]

○ «No des falso testimonio en contra de tu prójimo».[7]

○ «Todos deben de someterse a las autoridades públicas, pues no hay autoridad que Dios no haya dispuesto, así que las que existen fueron establecidas por él. Por lo tanto todo el que se opone a la autoridad se rebela contra lo que Dios ha instituido. Los que así proceden recibirán castigo. Porque los gobernantes no están para infundir terror a los que hacen lo bueno sino a los que hacen lo malo. ¿Quieres liberarte del miedo a la autoridad? Haz lo bueno, y tendrás su aprobación, pues está al servicio de Dios para tu bien. Pero si haces lo malo, entonces debes tener miedo. No en vano lleva la espada, pues está al servicio de Dios para impartir justicia y castigar al malhechor».[8]

○ «He jurado por el SEÑOR, el Dios altísimo, creador del cielo y de la tierra, que no tomaré nada de lo que es tuyo, ni siquiera un hilo ni la correa de una sandalia».[9]

○ «Cada uno debe velar no sólo por sus propios intereses sino también por los intereses de los demás».[10]

○ «No se asocien íntimamente con los que son incrédulos. ¿Cómo puede la justicia asociarse con la maldad? ¿Cómo puede la luz vivir con las tinieblas? ¿Qué armonía puede haber entre Cristo y el diablo? ¿Cómo puede un creyente asociarse con un incrédulo?».[11]

Mira este comercial de televisión. Pasa la idea a otros. También puedes encontrar un enlace a este video en la página del Instituto para la Cultura Financiera:
www.CulturaFinanciera.org/EsperanzaDeFuturo

EL VALOR

DEL

trabajo

Cap 3

EL VALOR DEL trabajo

Cap.3

UNA LECCIÓN PARA HABIB[1]

Había una vez en la India, hace muchos siglos atrás, un hombre de abundante fortuna llamado Qaisar.[2] Era respetado y querido entre su pueblo no solo por sus habilidades como negociante, sino también por su gran sabiduría.

Qaisar tenía rebaños, plantaciones, una gran cantidad de esclavos y negocios que se extendían por todo el país. Sin embargo, lo que Qaisar más amaba no era su fortuna, sino a su familia, especialmente a su hijo Habib.[3] En la medida en que Habib crecía en estatura y conocimiento, una de las preocupaciones principales de su padre era preparar a su hijo para tomar las riendas del lucrativo negocio familiar. Debía enseñarle tanto el ser como el *hacer* del éxito.

Un día, mientras Qaisar estaba sentado bajo un badari,[4] disfrutando del fresco de la mañana llamó a su hijo y le dijo: –Mi querido Habib, ha llegado el momento de que aprendas a valorar el dinero y amar el trabajo. Hoy deberás traerme, al final del día, algún fruto de tu labor. Saldrás a buscar algo para hacer y ganar dinero. De lo contrario, no habrá comida para ti a la hora de la cena de esta noche.

Habib estaba «shockeado». Nunca le habían dado un ultimátum como este antes. Desconcertado, corrió hacia su madre y entre sollozos le contó de la conversación con su padre. La madre, con un corazón compasivo, abrió su bolsa de ahorros, sacó una moneda de oro y se la entregó a su amado hijo.

Esa noche, cuando Qaisar pidió cuentas a su hijo sobre el fruto de su labor, el joven inmediatamente presentó su moneda de oro. Entonces, el padre sabio le pidió al hijo que echara la moneda en un pozo de agua, lo que el hijo hizo inmediatamente y sin dudar.

A la mañana siguiente, Qaisar le pidió a su esposa que fuera a visitar a su madre por algunos días. Ni bien la caravana de su esposa salió por el camino, llamó a Habib y le dijo: –Mi querido Habib, debes aprender a valorar el dinero y amar el trabajo. Hoy nuevamente deberás traerme, al final del día, algún fruto de tu labor. Saldrás a buscar algo para hacer y ganar dinero. De lo contrario, no habrá comida para ti a la hora de la cena de esta noche.

Habib, sabiendo que su madre no estaba en casa, corrió inmediatamente a contarle sus penas a su hermana mayor, quien, al final de la conversación, con compasión, le entregó una moneda de plata.

Nuevamente, esa noche, cuando Qaisar pidió cuentas a su hijo sobre el fruto de su labor, el joven inmediatamente presentó la moneda de plata que había recibido de su hermana. Entonces el padre sabio le pidió otra vez a su hijo amado que echara la moneda en el pozo de agua donde había tirado la moneda de oro la noche anterior. Habib obedeció inmediatamente y sin dudar.

Para la tercera mañana, el patriarca llamó a su hija y le rogó que fuera a la ciudad a quedarse con su suegra algunos días. Tan pronto como la caravana de su hija se alejó de su campo, llamó a su hijo debajo del badari y le dijo por tercera vez: —Mi querido Habib, hoy, por tercera vez, quiero que me traigas, al final del día, algún fruto de tu labor. Saldrás a buscar algo para hacer y ganar dinero. De lo contrario, no habrá comida para ti a la hora de la cena de esta noche.

El joven, dándose cuenta de que sus benefactoras estaban fuera de su alcance, finalmente decidió viajar hasta el pueblo más cercano y ofrecer sus habilidades a los mercaderes que conocían a su padre. Al fin, uno de ellos le ofreció dos monedas de cobre por descargar una carreta que había llegado de la China con productos para su negocio.

Habib asintió inmediatamente y se pasó el resto del día acarreando bultos y cajas desde el transporte hasta la bodega del amigo de su padre. Al final de su primer día de trabajo, cansado y adolorido, con gusto recibió las dos monedas de cobre prometidas.

Esa noche, frente al cuestionamiento de su padre, el joven mostró con todo orgullo sus ganancias del día, y el sabio Qaisar nuevamente le ordenó que las tirara al estanque de agua.
Habib, aterrorizado, clamó a gran voz: —¡Pero... padre! ¿Cómo voy a tirar estas dos monedas al estanque?... ¡Después de todo lo que tuve que hacer para ganarlas! Me duele la espalda, me duelen los brazos, me duelen los músculos... ¿Y tú me pides que tire el fruto de mi labor al pozo de agua?

El sabio millonario miró con ternura a su hijo y, mientras sonreía afablemente, le explicó que a uno solamente le duele perder aquello que le ha costado ganar.

En la primera y segunda ocasión, cuando fue ayudado por su familia, no le costó tirar las monedas al pozo de agua. Ahora, que conocía el valor del dinero, estaba listo para aprender a administrarlo.

El joven Habib, al darse cuenta de esta gran lección, prometió nunca más ser un holgazán y trabajar arduamente para cuidar de la fortuna que tanto trabajo le había costado acumular a sus padres y sus abuelos. Qaisar, por su parte, se comprometió a entregarle todos sus bienes y a ayudarle a administrarlos sabiamente por el resto de su vida.

La historia de Habib se repite millones de veces a lo largo y ancho de nuestro continente: cuando somos jóvenes no nos damos cuenta de que vivimos del fruto de la labor de nuestros padres y abuelos. Sea mucho o poco lo que tengamos, lo que tenemos lo recibimos por su esfuerzo y sacrificio. Empezamos a valorar realmente el costo del dinero cuando lo ganamos nosotros mismos, con el sudor de nuestra propia frente.

Cuándo empezamos a trabajar

Yo recomiendo a los padres que les den trabajos a los niños desde que aprenden a contar. A tu edad, yo recomiendo que hagas un balance entre trabajo y estudio. El trabajo te puede dar cierta libertad e independencia, pero nunca deberías trabajar tanto que al final tus estudios sufran.

A veces tenemos que trabajar porque debemos ayudar económicamente a nuestros padres. Debemos hacerlo con gusto. Hay una gracia especial que viene de lo Alto cuando honramos a nuestra madre y a nuestro padre. Sin embargo, yo esperaría a tener entre dieciséis y dieciocho años para conseguir un trabajo de tiempo parcial afuera del hogar. Antes, me dedicaría al estudio.

También, si eso es posible en el contexto económico de tu país, debes hacer planes para trabajar mientras estudias. Uno puede trabajar lo suficiente como para poder pagarse los estudios sin necesidad de pedir un préstamo.

Trabaja con excelencia y arduamente

Hay dos maneras de aprender en la vida: de la experiencia propia o de la de los demás.

La de los demás, es más eficiente y menos dolorosa. Así que aquí te comparto algunas citas de personas famosas sobre el tema del trabajo:

○ «Yo soy un gran creyente en el concepto de la suerte... y cuanto más trabajo, ¡más suerte tengo!». (F. L Emerson)[5]

○ «No hay secretos para el éxito. El éxito es el resultado de la preparación, del arduo trabajo y de la capacidad de aprender de los errores cometidos». (General Colin Powell)[6]

○ «Tener talento es barato –más barato que la sal. Lo que separa al talentoso del exitoso es un montón de trabajo». (Stephen King)[7]

Veamos algunas perlas de sabiduría del famoso rey Salomón. Cuando Salomón escribió estas ideas tenía un salario mínimo, vital y móvil de 800 millones de dólares anuales, sin incluir su seguro médico, vacaciones ni su plan de retiro. Tenía una riqueza acumulada de unos 100 mil millones de dólares. Creo que podemos aprender algo de él, ¿no? Dice el sabio Salomón en su libro de Proverbios:

○ «El que no se anima a trabajar, empobrece: el que trabaja duro, se enriquece».[8]

○ «El que trabaja duro se convertirá en líder, pero el perezoso siempre estará esclavizado».[9]

○ «El perezoso no sale con nada, pero el que trabaja duro prospera».[10]

Comprométete a trabajar arduamente en pos de tu visión. Salomón te recomienda: sé persistente y excelente en lo que hagas y te llevarán, incluso, delante de los líderes máximos de este mundo.[11] ¡Eso me ha pasado a mí! Yo crecí en un barrio muy normal en el oeste de la ciudad de Buenos Aires. Sin embargo, luego de muchos años de trabajo arduo, enfocado en la excelencia, comencé a ser invitado a enseñar en lugares de autoridad en el mundo. Creo que mucho tiene que ver con la gracia de Dios y con la fidelidad personal.

Si quieres ver fotos de lugares interesantes en los increíbles lugares en los que hemos estado, búscame en Facebook: agpanasiuk.
www.facebook.com/agpanasiuk.

Piensa en trabajos creativamente

En mi libro *Cómo vivir bien cuando las cosas van mal* escribí algunas maneras creativas con las que puedes comenzar a hacer dinero. Quizá puedas adoptar, o adaptar, una o más de estas ideas a tu situación personal:

- Ofrécete para trabajar desde tu casa como secretario virtual o asistente administrativo. Muchos ejecutivos necesitan alguien que les lea y les conteste los correos electrónicos, les apoye con el mantenimiento de su calendario y se encargue de organizar sus viajes.

- Si conduces bastante, convierte tu automóvil o camioneta en un cartel de publicidad ambulante para alguna empresa.

- ¿Sabes algún idioma? ¿Te gustan las matemáticas? ¿Tienes experiencia en alguna materia en particular? ¿Tocas el piano? Puedes ofrecerte de tutor para niños y niñas de la escuela primaria o secundaria.

- Vende productos en lugares como eBay®, Craiglist®, Bookscouter. com o half.com

- Convierte un pasatiempo en un negocio. Cuando yo era jovencito y vivía en Buenos Aires, solía coleccionar sellos de correos. Para mí, los sellos y las monedas eran un pasatiempo, pero para la persona que me los vendía era una fuente de ingreso, un negocio.

- ¿Te gusta dibujar y pintar? Puedes pintar las vitrinas de los negocios para las diferentes fiestas que hay durante el año.

- ¿Te gustan los deportes? Puedes convertirte en un entrenador personal de alguien que necesite hacer ejercicio o bajar de peso. Si te gusta la pesca, puedes convertirte en un guía turístico de gente que quiera ir de pesca durante sus vacaciones.

- ¿Te gusta la fotografía? Puedes sacar fotos y grabar videos de quinceañeras y bodas. Puedes vender tus mejores fotos en lugares como Shutterstock, Fotolia o Dreamstime. Convierte tus fotos en tarjetas y véndelas.

- ¿Te gusta la música? Imparte lecciones privadas. Toca en restaurantes los fines de semana.

○ ¿Te gustan los animales? Ofrécete para sacar a pasear y cuidar animales domésticos. Aprende a cortarles el pelo y brinda un servicio de «salón de belleza» para mascotas.

○ ¿Te gusta cocinar? Puedes vender tus mejores platos a restaurantes o hacer entregas a domicilio. Puedes hacer tartas de bodas y cumpleaños o puedes ofrecerte como un «chef personal y exclusivo» para fiestas y recepciones.

○ Si te gustan las computadoras, puedes aprender a desarrollar y mantener sitios de Internet, o puedes ofrecer un contrato de mantenimiento personalizado para computadoras en las casas o en pequeños negocios.

○ Si te gusta escribir, puedes vender un libro electrónico en línea, investigar temas y soluciones a problemas para alguna empresa o pasar en limpio notas de algún médico o casa publicadora.

○ Si te gustan las personas y tienes capacidad de convencimiento, puedes comenzar un negocio: cuidar jardines, limpiar la nieve (en las ciudades del norte y sur del continente), arreglar la plomería o la electricidad de las casas, pintar propiedades, realizar trabajos de mantenimiento a personas que no pueden arreglar sus propias casas, etc.[12]

Advertencia: ten cuidado con los negocios que parecen demasiado buenos para ser verdad, ¡casi nunca lo son! No te dejes atrapar por esos que te ofrecen negocios «que no pueden fallar» o que te dicen que vendiendo productos comenzarás a ganar mucho dinero de inmediato.
Todo negocio toma su tiempo. Te va a tomar por lo menos un año hacer que un buen negocio comience a rendir dinero.

Elige una carrera apropiadamente
No elijas una carrera por el dinero que vas a ganar. Yo creo que uno puede llegar a hacer dinero en cualquier profesión. Elije tu carrera mirando con cuidado tus intereses, tu vocación, tu perfil de personalidad y tus habilidades.

Uno puede hacer dinero en cualquier tipo de profesión, y cualquier trabajo legal es un trabajo digno.

Se cuenta la historia de un doctor en Estados Unidos que escucha a su esposa gritar desde el segundo piso de la casa: –¡Querido...! ¡Llama al plomero!... ¡Llama al plomero!... ¡Se nos inunda el baño!

El doctor, inmediatamente toma el teléfono y busca en la guía telefónica el plomero más cercano. A los diez minutos suena el timbre de la puerta: era el plomero. Sin decir palabra, el plomero entra en la casa, va al segundo piso, se dirige al baño y con una herramienta especial sustrae un patito de goma del inodoro.

Baja las escaleras, le entrega el patito al doctor y al mismo tiempo le hace entrega de su factura por 250 dólares.

El doctor mira el patito, mira la factura y finalmente exclama:

–¡Esto no puede ser! ¡Es un robo! ¿Cómo es que me está cobrando 250 dólares por sus servicios?

–Eso es lo que cuesta...

–¿Pero cómo «es lo que cuesta»?... Usted no ha estado acá ni una hora... Yo soy doctor ¡y ni siquiera yo gano 250 dólares la hora!

–Bueno... –dice el plomero–, cuando yo era doctor, ¡tampoco!

Reitero, uno puede hacer dinero en cualquier profesión. Conozco mecánicos que están haciendo mucho dinero; conozco agricultores que también están ganando fortunas; conozco constructores, dentistas, consultores, abogados, religiosos y artistas que les va muy bien en su vida económica. Lo importante en la vida no es la cantidad de dinero que ganas, sino la *calidad de vida* que experimentas, y más allá del nivel de pobreza, más dinero no garantiza una mayor calidad de vida.

Yo creo que lo más importante es seguir el diseño de Dios para tu vida y correr bien la carrera que tienes por delante.

Cada uno de nosotros tenemos una carrera que se nos ha puesto por delante, una asignación en la vida. Cuanto antes encuentres tu *asignación* en la vida, más rápidamente puedes comenzar a cumplirla.

Todo tiene una razón de ser en el universo. Todo ha sido creado con un propósito, y tú también. Tú tienes un propósito en la vida, tu *asignación*. Piensa: ¿qué te apasiona? ¿Qué te da energía? ¿Qué te motiva?... o ¿Qué es lo que te molesta? (Muchas veces el tipo de cosa que te molesta es el problema que Dios quiere que soluciones en el mundo.)

Hay una diferencia entre tu asignación o *vocación* y tu carrera o trabajo. El trabajo es la expresión de tu vocación. Vocación en tu llamado (la raíz tiene que ver con la palabra *boca*, por eso representa *el llamado*). El trabajo que tú haces es la expresión de esa vocación. Por ejemplo, yo puedo tener una vocación para enseñar. Mi trabajo puede ser maestro, profesor universitario, instructor, entrenador del departamento de Recursos Humanos de una empresa, pastor-maestro en una iglesia o fundador del Instituto para la Cultura Financiera...

Lo que yo hago no es lo que soy. Es mi trabajo. Es la expresión de mi vocación en la vida. Mi trabajo puede cambiar, pero yo nunca debería dejar de lado mi vocación, ¡aunque no me paguen un centavo por hacerlo!

Uno debería elegir su carrera basado en su vocación. Eso puede implicar que no todo el mundo necesita hacer una carrera universitaria. Por supuesto que todos deberíamos estudiar lo más que podamos, y yo jamás recomendaría a nadie que dejara la escuela secundaria antes de haberla terminado completamente.

Sin embargo, más allá de los trece o catorce años de educación primaria y secundaria, yo me preguntaría qué es lo que conviene más: ¿estudios universitarios, estudios en alguna escuela técnica, o quizás estudios especializados en algún tema en particular?

Uno nunca debería dejar de crecer intelectualmente y siempre debería tener una sed por aprender cosas nuevas. Pero, por otro lado, en el siglo veintiuno ese proceso se puede llevar a cabo sin la necesidad de gastar decenas de miles de dólares en una carrera universitaria o pasarse allí una gran cantidad de años de vida si la asignación que uno tiene no lo requiere.

Eso es lo que pasó en Estados Unidos con Bill Gates (Microsoft), Mark Zuckerberg (Google), Lawrence Ellison (Oracle), Michael Dell (Dell, Inc.), Ted Turner (CNN, Inc.), Steve Jobs (Apple Inc.), o con el brasilero Eike Batista (EBX Group), siete de los hombres más ricos del mundo que nunca terminaron la universidad.

Si quieres ver un listado más largo de los multimillonarios (en miles de millones de dólares) que abandonaron la universidad antes de terminarla, lee este código QR. Busca en el botón que se llama «List of college-dropout billionaires». También puedes seguir este enlace: **http://en.wikipedia.org/wiki/List_of_college_dropout_billionaires.**

No quisiera ser malinterpretado. No estoy diciendo que los estudios universitarios son malos. Al contrario. Si no sabes lo que quieres hacer en la vida o si tu carrera lo requiere, debes estudiar un nivel universitario y ¡graduarte con las mejores notas posibles!

Personalmente, creo que la última Gran Recesión en Estados Unidos la sufrieron primordialmente aquellos que no terminaron la escuela secundaria, mientras que la gente que terminó la universidad casi no experimentó desempleo. Estudia el siguiente gráfico proporcionado por el Departamento de Estadísticas Laborales de Estados Unidos:[13]

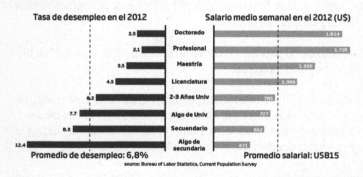

Como puedes ver, cuatro años después de que empezó la crisis, las personas que tenían en el año 2012 un título profesional o universitario experimentaron una tasa de desempleo menor que cinco por ciento (básicamente, en su totalidad empleados). Al mismo tiempo, estaban ganando ¡hasta 1.735 dólares por semana!

Por otro lado, aquellos que no habían terminado la escuela secundaria o no habían terminado sus estudios universitarios, experimentaron una tasa de desempleo de hasta el 12,4% y salarios que estaban entre la mitad y una cuarta parte de los que sí terminaron la universidad.

Entonces, el estudiar paga muy bien en la vida. Todo lo que inviertas en tu educación está muy bien invertido. Mira, como ejemplo, la experiencia de los inmigrantes alrededor del mundo: los que traen un título siempre avanzan mucho más rápido que los que no tienen uno.

Sin embargo, si ya sabes cuál es tu *asignación* en la vida, conoces tu propósito y para lograrlo no necesitas tener un título universitario, no te desesperes: sigue tu vocación. Puedes asistir a una escuela técnica, puedes aprender de manera no formal. Hay muchas opciones el día de hoy en el mundo virtual de Internet.

Madura saludablemente

Algún tiempo atrás unos buenos amigos del Ecuador me contaron una ilustración sobre el tipo de relaciones que establecen los seres humanos. Ellos me decían que la gente establece relaciones caninas o felinas.

Los caninos, como los lobos, los coyotes y especialmente los perros, establecen «relaciones caninas»: fieles, serviciales, protectoras. Cuando los gatos, los tigres y otros felinos establecen relaciones, son egocéntricos, individualistas, difíciles de entrenar.

Hay un famoso dicho popular en Estados Unidos que dice: los perros tienen dueños; los gatos, *empleados*.

Cuando un *canino* te mira, dice: «Esta persona me alimenta, me cuida, me construyó un lugar donde dormir, me brinda amor... ¡*debe* ser un dios!». Cuando un *felino* te mira, dice: «Este humano me alimenta, me cuida, me construyó un lugar donde vivir, me ama... ¡*debo* ser un dios!».

¿Qué tipo de relaciones estableces en la vida? ¿Cómo te relacionas con tu familia? En la medida en la que vas entrando en la vida adulta, debes pasar por un proceso en el que comenzaste siendo un felino y terminas siendo un canino, alguien que aporta a la familia, al grupo de amigos y a la sociedad.

Esa es la importancia de abrazar el trabajo duro y la vocación que tienes en la vida.

Tengo una sorpresa para ti a continuación...

f 🐦 BÚSCAME EN FACEBOOK Y TWITTER: AGPANASIUK

PARA HABLAR CON TUS AMIGOS:

¿Te gustaría hacer un test vocacional gratuito? Conéctate a **www.mi-carrera.com** a través de este Código QR. Allí encontrarás:

El «Test Vocacional kpertuss», compuesto de tres etapas:

• Test Autoconocimiento.
Para reconocer tus intereses, habilidades y personalidad que guardan relación con las profesiones.

• Test Vocación.
Cómo distinguir la vocación. Para saber cuál de todos tus intereses apunta a tu vocación.

• Test Carreras.
Evaluación de carreras. Para conocer las carreras de tu área vocacional. Saber los requerimientos de cada una de estas carreras respecto de sus postulantes. Evaluarte en cada una de ellas en relación con los resultados del Test Autoconocimiento. Seleccionar aquella(s) en que respondas mejor a sus requerimientos.[14]

Este es un test que te podría costar cientos de dólares en algunos lugares del mundo, ¡aprovéchalo!

Piensa y comenta con tus amistades:

1. Si sabes que quieres trabajar en el campo de la medicina, ¿cuál sería la diferencia entre decidir ser un enfermero o un doctor?

_____

_____

_____

_____

_____

_____

_____

2. Si tu vocación te llama a una determinada carrera, pero actualmente ese tipo de carrera no paga muy bien, ¿qué sería mejor?

____ Elegir otra carrera.
____ Buscar una forma creativa de ganar más.
____ Cumplir con tu *asignación* (tu llamado, tu vocación) en la vida.
____ Casarte con alguien que tenga mucho dinero para poder hacer lo que quieres y no preocuparte por tus necesidades económicas.

3. Si ya tienes más de dieciocho años, ¿cómo puedes colaborar con los gastos que tiene tu grupo familiar?

____ Pagar parte de los gastos de luz.
____ Pagar parte de los gastos del teléfono e Internet.
____ Pagar por mi celular.
____ Pagar una renta (alquiler) a mis padres.
____ Colaborar con los gastos de la comida.

4. Piensa: ¿cuánto de relación canina y cuánto de felina tienes en tu vida familiar? ¿Qué otras ideas se te ocurren para no ser una carga en tu familia o establecer tu independencia?

_____

_____

_____

_____

_____

_____

_____

¡¿DÓNDE ESTÁ la abuela CUANDO UNO LA NECESITA?!

Cap 4

¿ORDEN...? ¿QUÉ ES ESO?

Cada vez que visitábamos a la abuela, siempre nos decía: «¡Para cada cosa hay un lugar y hay un lugar para cada cosa!», así nos enseñaba algo muy importante en la vida: el orden.

El orden es la piedra angular de tu éxito económico. Salomón nos dice: «Mantente al tanto de tus ovejas, preocúpate por tus rebaños, pues ni riquezas ni coronas duran eternamente».[1] Si uno quiere manejar con excelencia el dinero, debe cuidar de las ovejas (el dinero) y sus rebaños (las inversiones, el negocio).

Gracias al orden y la predictibilidad en la vida, es que podemos funcionar. ¿Te imaginas si un día, de pronto, te levantas con un pie en la cabeza?... ¿o con un ojo en la planta del pie? No solo sería desconcertante, sino también ¡sería complicadísimo vivir de esa manera!

Lo mismo ocurre en el resto de la vida. El orden provee estructura y predictibilidad.

El propósito del orden es facilitar la búsqueda: obtener información específica de una manera eficiente, y la información es poder. El orden te pondrá en control del dinero y no permitirá que este te controle a ti. Tengo un buen amigo que siempre dice: «El dinero es un buen siervo, pero un mal amo».

Ser disciplinados nos permite actuar eficazmente y manejar los pocos o muchos recursos que tenemos con eficiencia. El orden y la disciplina son, muchas veces, unas de las pocas cosas que podemos hacer para compensar la falta de recursos económicos.

La disciplina nos permite maximizar nuestro tiempo, nuestras capacidades, nuestros talentos y, sobre todo, nuestro dinero. En el medio de la crisis y la dificultad, vive una vida ordenada.

¿Por qué planear?

Nosotros planeamos nuestra vida financiera porque no hay otra forma en la que las cosas nos vayan bien. No hay otra opción.

Yo salí de Buenos Aires rumbo a Chicago cuando tenía veintidós años. Si uno ha nacido y crecido, como yo, en un país con un alto índice de inflación, entonces, planear la forma en la que uno gasta el dinero es una cuestión de vida o muerte. La diferencia entre comer o no comer a fin de mes tiene que ver con la forma en la que hemos tomado decisiones económicas durante las semanas previas.

Uno se transforma en un pequeño Ministro de Economía (en realidad, conozco alguna gente en mi país a las que les daría un doctorado honoris causa por haber sobrevivido el desastre económico de comienzos de los años 80 y el de 2001).

Se dice que una vez le preguntaron al rico Rockefeller:

–Señor Rockefeller, usted es el hombre más rico del mundo, ¿cuánto es suficiente para usted?
–Un poquito más –el famoso millonario contestó.[2]

Eso te muestra que no importa la cantidad de dinero que tengamos, nunca vamos a tener suficiente. El secreto no está en cuánto ganamos, ¡sino en cuánto gastamos! Debes controlar lo que gastas o nunca tendrás suficiente.

Además, debemos planear porque el ser humano ha sido creado con una tendencia natural hacia el orden. Piénsalo: el universo tiene un orden, el sistema solar tiene un orden, existen leyes en la naturaleza que proveen orden al mundo que nos rodea, el cuerpo humano tiene un orden tan impresionante que todavía nos cuesta trabajo entender cómo tanta complejidad puede funcionar con tanta armonía.

La sociedad tiende a establecer el orden. Por eso existen las leyes. Yo creo que, para los seres humanos, el orden es más importante que la libertad. Es muy interesante ver cómo, cuando se pierde el orden social, los ciudadanos de un país están dispuestos a entregar sus garantías de libertad constitucional para restablecer el orden y la paz.

Esta no es una opinión política. Es simplemente la observación de un proceso que nos ha tocado vivir en Latinoamérica: cada vez que perdimos el orden social (o el económico), estuvimos dispuestos a entregar parte de nuestras libertades democráticas con el fin de restablecerlo.

No hay ningún barco en el mundo que zarpe de un puerto de salida sin tener asignado un puerto de llegada. No hay ningún avión comercial que no levante vuelo en un aeropuerto sin saber a qué aeropuerto habrá de arribar. No existe ningún libro que se comience a escribir sin una idea de lo que se quiere decir. No hay ninguna boda que haya de comenzar sin tener una pareja para casar.

Todo tiene un orden. El universo busca un balance. Todos necesitamos de cierta consistencia en nuestras vidas. Cuando vivía en Chicago me di cuenta de que hasta el borrachín más empedernido siempre buscaba la misma esquina a donde sentarse a tomar...

El ser humano tiene una tendencia interior a buscar el orden en medio del desorden. A imitar el carácter de su Creador. Traer orden al caos, el primer acto de Dios en el universo.

Es por eso que tienes este libro en tus manos, porque necesitas aprender a ordenar tu vida económica. Si lo haces, cambiarás el rumbo de la historia de tu familia. Pero no te estreses, juntos vamos a buscar el orden en tu vida financiera. Juntos vamos a ordenar tu economía.

Parafraseando nuevamente el dicho salomónico con el que empezamos, podríamos decir:

«Conoce bien tu estado contable (cuánto tienes y cuánto debes), y presta atención a tus inversiones; porque las riquezas no duran para siempre».

¿Cómo hacemos un plan?

Si quieres, puedes verme explicar todo esto en solamente cinco minutos. Agradecemos a nuestros amigos de CBN y el Club 700 Hoy por grabar estos cortos videos y colocarlos en YouTube.

Nota que, para ti, hemos reemplazado la palabra «comprométase» por «consigue». Todo lo demás será igual.

También puedes encontrar un enlace a este video en la página del Instituto para la Cultura Financiera: **www.CulturaFinanciera.org/EsperanzaDeFuturo.**

Hacer un plan para controlar tu dinero no es muy complicado. Millones de jóvenes como tú ya tienen su plan alrededor del mundo. Simplemente tienes que recordar cinco pasos clave:

1. Consigue.
2. Colecta.
3. Compara.
4. Corrige.
5. Controla.

1. Consigue: lo primero que debes hacer *inmediatamente es conseguir* una herramienta que te va a ayudar a manejar el dinero y a averiguar cómo lo estás gastando. Aquí van algunas recomendaciones:

a) Si tienes un teléfono «inteligente», busca en el negocio de *apps* una aplicación con la que puedas manejar dinero. Simplemente comienza una búsqueda con la palabra «presupuesto» y elige la aplicación (o, *aplicativo*, como lo vi llamar en algún país en los últimos meses) que más te guste. Algunas características recomendadas:

- Segura
- Sencilla, fácil de usar
- Intuitiva
- Configurable
- Multilingüe
- Visual
- Gráfica
- Flexible (para poder crear o borrar categorías)
- Resguardable (*back-up* en algún programa en la nube)
- Imprimible
- Multiusuario
- Independiente (no necesita conexión de Internet)
- Con filtros para búsquedas
- Que monitoree balances
- Exportable
- Multimonedas (cambia de monedas cuando viajas)
- Gratis

Precaución: presta atención porque algunas aplicaciones que son de descarga gratis te dejarán hacer una cierta cantidad de transacciones y luego deberás pagar para poder usarlas a largo plazo. Si te gusta alguna por la que debes pagar y te sientes realmente bien con ella, paga el costo con gusto. Vale la pena invertir un par de dólares en una herramienta que te va a ayudar durante los años por venir.

b) Si no tienes un teléfono «inteligente», busca en Internet un *software* o archivo de Excel® que te ayude a manejar el dinero. En tu buscador escribe «software presupuesto personal» y encontrarás una lista de lugares que ofrecen archivos y software para ayudarte a manejar el dinero.

Aquí hay unas recomendaciones (Si estás leyendo este libro en línea, simplemente haz clic sobre el enlace del producto y te llevará al lugar de descarga):

Mi Presupuesto (software producido en España)[3]
http://www.finanzasparatodos.es/es/comollegarfindemes/ presupuestopersonal/mipresupuesto.html

Mis cuentas claras[4] (solo un diario de entradas, gastos y sus comparativos. No hay presupuesto. **http://descargar.portalprogramas.com/ Mis-Cuentas-Claras.htm**

Presupuesto Familiar[5] Busca esta planilla de Excel® en nuestro sitio de Cultura Financiera **www.culturafinanciera.org/category/formularios**

Precaución: hemos notado que en algunos lugares de Internet, cuando tratas de bajar algún programa gratis, tienen un sistema que no solo baja el programa que pides, sino que a través de una serie de preguntas confusas, también consiguen tu permiso para bajar otros programas. Presta atención a esta situación y no permitas que bajen a tu computadora software que tú no deseas.

2. Colecta: ahora necesitas colectar información para poder diseñar un plan inteligente. El propósito del orden es información, y la información es poder, ¿no es cierto?... En este caso, poder para cambiar tu futuro económico.
Hay dos maneras bastante eficaces de colectar información para saber exactamente adónde va el dinero de la casa. Tú debes elegir la que te resulte más fácil. Esto no afectará el resultado de la recolección de información.

a) La primera manera de colectar información es escribir en tu teléfono, en un archivo Excel®, en un papel o en una libreta todos los gastos que tienes cada día durante los próximos treinta días:

- Escribe todos los gastos, hasta los más pequeños.
- Anota la fecha, el tipo de gasto y la cantidad.

Si tienes una computadora, baja de nuestro sitio, *gratis*, una planilla de Excel® para colectar información. Se llama «Descubriendo nuevos gastos». Cada día, cuando termines el día, coloca en la planilla todos tus gastos. Bájala de aquí: **www.culturafinanciera.org/category/formularios.**

b) La segunda forma de colectar información es colocar en tu cuarto una pequeña caja, similar a una de zapatos. Luego, a partir de ese momento y durante los próximos treinta días pedirás un recibo por cada compra que hagas. No importa lo pequeña que sea la compra.

Si no te dan un recibo, escribe el gasto en un pedazo de papel. Cada noche, cuando llegues a la casa, colocas todos los recibos en la caja de zapatos. Cuando termines de colectar información por treinta días, toma el día libre, no hagas ningún compromiso y *dedícalo por completo* al trabajo de armar tu plan y pensar en tu futuro.

3. Compara: después de esos treinta días de colectar información, ya tienes toda la información que necesitas para diseñar un plan. Ese día, te fijas en el teléfono cuánto gastaste, revisas la planilla de Excel®, miras en tus cuaderno de notas o vuelcas todos los recibos de la caja de zapatos sobre la mesa de la cocina.

Separa ahora tus gastos de acuerdo a determinadas categorías. A continuación están las categorías en las que te recomiendo que dividas todos tus gastos del mes. *Elige solo las que te convenga usar a estas alturas de tu vida:*

    a) Transportación
    b) Vivienda
    c) Comida
    d) Deudas
    e) Entretenimiento
    f) Vestimenta
    g) Escuela
    h) Gastos médicos
    i) Seguros o aseguranzas
    j) Gastos varios o misceláneos

Sin embargo, antes de trabajar con los gastos del mes, comencemos por las entradas. Llena el siguiente formulario:

Ahora que ya sabes cuál es tu DD (Dinero Disponible), debes *comparar* esa cantidad con tus gastos reales. Para esto, completa el siguiente formulario.

¿Cuánto recibes de tus padres?	$_____	Anota la cantidad de dinero que te dan tus padres al mes.
¿Cuánto recibes de otros?	$_____	Anota todo el dinero que recibes de tus parientes (¿la abuela?, ¿los tíos?...).
¿Tienes un salario de algún trabajo?	$_____	Si estás trabajando a tiempo parcial o total, anota aquí el dinero que recibes. No coloques tu salario bruto, sino lo que traes realmente a tu casa.
¿Haces trabajos temporales?	$_____	Escribe el promedio mensual de lo que has traído en los últimos seis meses.
¿Vendes cosas y tienes entradas que no son fijas?	$_____	Lo mismo que en el punto anterior. Saca el promedio de entradas de los últimos seis a doce meses y usa esa entrada promedio para tu plan.
¿Hay alguna otra entrada de dinero?	$_____	Si es esporádica, trata de establecer un promedio mensual. Si te devolverán impuestos, divide esa cantidad por doce (o no la consideres y úsala como ahorro).
SUMA LAS CANTIDADES ANTERIORES	$_____	Estas son las entradas de dinero después de haber pagado tus impuestos.
Réstale a la cantidad anterior otros impuestos que debas pagar	$_____	¿Hay algún otro impuesto que debes pagar por tus entradas de dinero? ¿Alguna otra retención?...
INGRESO NETO		
Réstale a la cantidad anterior tus donaciones.	$_____	Dale a César lo que es de César, pero también a Dios lo que es de Dios. Recuerda que es mucho mejor dar que recibir. Aprende a ser generoso y no solo lleves dinero a la iglesia, sino también aprende a compartir con los demás.
Este es tu DINERO DISPONIBLE (DD).	$_____	Esta es la cantidad de dinero con la que tienes que aprender a vivir.

Si quieres uno más completo, tenemos una variedad de formularios en Excel® que hemos desarrollado a lo largo del tiempo. ¡Elige el que más te guste! Bájalos *gratis* de nuestro sitio web visitando este sitio: **www.culturafinanciera.org/category/formularios.**

Lista de gastos del mes. ¿Cuánto te gastaste en...?

1. Transportación	
2. Vivienda	
3. Comida	
4. Deudas	
5. Entretenimiento	
6. Vestimenta	
7. Escuela	
8. Gastos médicos	
9. Seguros o aseguranzas	
10. Gastos varios	
TOTAL de gastos reales:	

Toma la cifra del DD y réstale el total de los gastos reales. Esto te va a dar una idea de cómo andas económicamente. Este número final es como el termómetro de tu vida económica, una radiografía de tus finanzas. Es la cantidad con que te quedas en el bolsillo al final de cada mes:

Dinero Disponible: _____
(menos)   –
Total (Gastos reales):   _____

Balance (Este es el dinero que queda):   _____
(¿Está en positivo o en negativo?)

¿Te da positivo o negativo el balance?
Si te da positivo, mírate en el espejo. Puede que tengas la piel verde, la cabeza grande y los ojos amarillos. En ese caso, confirmarías lo que me temo: ¡eres de otro mundo!

En realidad, te felicito. Perteneces a un grupo muy reducido de personas en el planeta. Lo único que tienes que hacer ahora es ajustar tu plan de acuerdo con tus sueños y metas para el año que viene. Andas por el buen camino.

Si el balance es negativo, entonces, debes «corregir» el plan.
4. Corrige: si la resta anterior te dio un número negativo, ¡bienvenido al club! La mayoría de las personas en este mundo tienen tu mismo problema: gastan más de lo que ganan. Este número negativo significa que vas a tener que hacer algunos cambios importantes.

Vas a tener que mirar seriamente los gastos que estás teniendo y tomar algunas decisiones de «vida o muerte». Frente a esta situación tienes tres decisiones:

    a) Bajas tus gastos: tu nivel de vida, tu estatus social.
    b) Incrementas tus ingresos.
    c) Haz las dos cosas al mismo tiempo.

No deberías tomar un segundo trabajo solamente para mantener tu estatus social. Estarías sacrificando lo trascendente en el altar de lo intrascendente. Si ya te has casado, tampoco serviría que tu esposa saliera a trabajar fuera de la casa para mantener el nivel de gastos. Eso, por la misma razón que el punto anterior.

La única excepción sería que saliera a trabajar de una manera temporal para asignar su salario al pago de deudas o cosa por el estilo. No estoy en contra de que la mujer trabaje fuera de la casa, ¡es que ella *ya* trabaja dentro de la casa!

Si ella quiere trabajar porque ese es su llamado, su vocación y su deseo, creo que está perfectamente bien que lo haga. Pero si su deseo es estar con sus hijos y ser el apoyo que la familia necesita en casa, yo no planearía que saliera a trabajar solo por mantener nuestro nivel de gastos. Bajaría los gastos y mantendría feliz a mi esposa.

No sé cuáles sean esas decisiones difíciles que necesitas tomar, pero te doy una lista de algunas decisiones tomadas por personas que he aconsejado:

- Mudarse de vivienda
- Compartir la vivienda con otros
- Irse a vivir con los padres
- Salir un año de la universidad para trabajar y juntar dinero
- Salir menos
- Cambiar de plan en el celular
- Volverse a su país de origen
- Vender posesiones que no son necesarias
- Comenzar a comprar ropa usada
- Cambiar de trabajo
- Cambiar de universidad
- Otras cosas por el estilo

¿Estás listo para tomar estas decisiones y preparar un nuevo plan? Entonces, toma un tiempo para llenar el formulario que aparece posteriormente.

Nuevo plan de gastos y ahorro (mensual)
En la columna «Ahora» coloca las entradas y gastos que descubriste durante ese mes de recolección de información. Lo que encontraste en tu caja de zapatos.

Presta atención y verás que en este listado hemos agregado una categoría muy importante: el ahorro. Obedece la regla del: 80-10-10: 10% para Dios, 10% para ahorrar y el 80% restante para vivir.

Tu meta número 1: abrir una cuenta de ahorro en el banco y ahorrar el 30% de tu DD.

Tu meta número 2: acumular (a lo largo del tiempo) de dos a tres meses de DD.

Tu meta número 3: cuando ya tengas los tres meses en el banco, abrir una cuenta de ahorro a largo plazo (por ejemplo, un Fondo Mutuo o algo por el estilo). Hablamos más sobre el ahorro más adelante.

5. Controla: ahora voy a compartir contigo uno de los secretos más importantes para tener éxito en el manejo del dinero: ¿cómo controlar el plan que acabamos de terminar de hacer?

Categoría	Ahora	Nuevo plan
Ingreso NETO:		
Menos donaciones:		
A) Dinero Disponible:		
Gastos:		
Transportación		
Vivienda		
Comida		
Deudas		
Entretenimiento		
Vestimenta		
Escuela/Educación		
Ahorros (¡Nuevo!)		
Gastos médicos		
Seguros o aseguranzas		
Gastos varios		
B) TOTAL DE GASTOS		
DIFERENCIA (A-B):		

De nada sirve ponerte de acuerdo en cuánto vas a gastar en cada categoría si cuando llega la hora de la verdad, no puedes controlar tus gastos. Hay varias maneras de controlar un plan:

a) Con planillas
b) Con un App
c) Con el software que elegimos al principio
d) Con archivos de Excel®

Pero si no tienes la posibilidad de usar ninguno de esos sistemas, te voy a proponer un sistema que le hemos enseñado a decenas de miles de personas en todo el continente: el sistema de controlar gastos por sobres. Realmente funciona.

En casa, usamos la computadora para obtener información, pero empleamos los sobres para controlar la forma en que gastamos nuestro dinero.

Lo primero que debes hacer es decidir cuánto vas a gastar cada mes en cada categoría.

En segundo lugar, debes decidir a cuáles de esas categorías las vas a manejar con dinero en efectivo *todas las semanas*. Por ejemplo, la comida, el entretenimiento, los gastos varios, la transportación (para el boleto de los autobuses o la gasolina), etc.

El tercer paso es dividir esos gastos mensuales en cuatro y declarar cuatro «días de pago personal» al mes: el primero, el ocho, el dieciséis y el veinticuatro; nosotros los llamamos en casa «días de pago familiar».

Cuidado: no te estoy recomendando que dividas el mes en cuatro semanas, sino en cuatro días de pago. La razón es que de vez en cuando vas a tener cinco semanas en un mes y una de las razones por las que estás armando un plan es para proveer coherencia a tus gastos. La quinta semana hace que tu plan sea incoherente y te quedes sin dinero hacia el final del mes.

Olvídate entonces de las semanas del mes y de las fechas cuando cobras tu salario. Cuando cobras, simplemente asegúrate de que el dinero va a tu cuenta de banco o al lugar donde normalmente lo guardas. Luego, el primero, el ocho, el dieciséis y el veinticuatro serán los días en que irás al banco (o a tu colchón familiar) para retirar el dinero en efectivo que necesitarás para funcionar los próximos siete u ocho días.

Por ejemplo:

Categorías	Días de pago personal			
	1	8	16	24
Comida				
Vestimenta				
Entretenimiento				
Transportación				
Gastos varios				
Total de retiro				

No te preocupes de los otros gastos (alquiler, gas, luz, pagos del auto). Si armaste correctamente tu plan de control de gastos de acuerdo con los parámetros que te hemos sugerido, esa parte del plan «se cuida sola». Los gastos anteriores son casi «fijos», y la mayor cantidad de dinero que desperdiciamos se nos va a través de nuestros gastos variables y del dinero en efectivo que tenemos en el bolsillo.

Debes decidir entonces: ¿cuánto vas a gastar en comida? Si vas a gastar 400 dólares en comida por mes, eso quiere decir que vas a tomar 100 dólares cada día de pago para comer por los próximos siete u ocho días. Este debe ser un compromiso firme de tu parte.

Si vas a separar unos ochenta dólares por mes para comprarte ropa, entonces cada día de pago retiras veinte dólares.

Si vas a gastar 100 dólares en entretenimiento al mes, entonces retiras veinticinco cada día de pago personal. Mira el ejemplo:

Categorías	Días de pago personal			
	1	8	16	24
Comida	100	100	100	100
Vestimenta	20	20	20	20
Entretenimiento	25	25	25	25
Transportación				
Gastos varios				
Total de retiro				

¿Te das cuenta de que aquí no importa si cobras semanal, quincenal o mensualmente? Lo único que importa es que retires del banco la cantidad que has presupuestado para vivir por los próximos siete u ocho días. De lo único que te debes preocupar es de no sacar más dinero del que te has prometido gastar. El resto del plan se cuida solo.

Finalmente, si decides que necesitas unos 240 dólares por mes para gastos del auto o tu transportación, y unos 200 para gastos varios, tu cuadro de retiro de dinero quedará de la siguiente manera:

Categorías	Días de pago personal			
	1	8	16	24
Comida	100	100	100	100
Vestimenta	20	20	20	20
Entretenimiento	25	25	25	25
Transportación	60	60	60	60
Gastos varios	50	50	50	50
Total de retiro	**255**	**255**	**255**	**255**

Esto quiere decir que cada día de pago personal tomarás 255 dólares del banco para tus gastos en efectivo hasta el próximo día de pago.

Ahora tienes una forma de control. Sabes que cada siete u ocho días vas a gastar 255 dólares en efectivo para tus gastos variables y, maravillosamente, has convertido tus gastos variables en gastos fijos.

Ahora estás tú en control. ¡Tú controlas el dinero y el dinero no te controla a ti! Te animo a que hagas una práctica. Trata de definir tus gastos en dinero en efectivo para cada día de pago.

Categorías	Días de pago personal			
	1	8	16	24
Total de retiro				

Finalmente, lo que debes hacer es tomar algunos sobrecitos para distribuir entre ellos el dinero en efectivo. Nosotros usamos un sistema de sobres que se cierra como si fuera una billetera.

A uno de los sobres le colocas la palabra «donativos»; a otro, «vivienda»; a otro, «comida»; a otro, «auto o transportación». De este modo vas teniendo un sobrecito para cada categoría que has escrito arriba.

Si tienes pareja, te recomiendo tener sobres para el esposo y para la esposa. Pueden usar una cajita de cartón para poner los sobres. Entonces, cada día de pago personal (o familiar, en este caso), la esposa y el esposo se dividen el dinero.

Un ejemplo: si decidiste que vas a gastar 100 dólares en comida entre cada día de pago, entonces tomas el sobrecito de la comida y colocas allí los 100 dólares (o los divides en partes iguales entre el sobre del esposo y el de la esposa).

Cuando vayas al mercado, tomas el sobre de la comida y pagas con el dinero que hay en él. El problema viene cuando se te acaba el dinero de ese sobre antes del siguiente día de pago.

Vas a sufrir un poco por dos o tres meses. Pero una vez que aprendas que no hay que gastar todo el dinero del sobre al comienzo de la semana, te vas a dar cuenta de lo poderoso que es este concepto.

Lo mismo ocurre en el área del entretenimiento. Imagínate que llega el domingo. Al salir de la iglesia tu amiga, Carolina, te dice:

–¡Vamos a comernos una pizza!

Entonces, ¿qué haces? Sencillo: tomas el sobrecito del entretenimiento y miras para ver si tienes dinero o no para ir a comer pizza. Si no tienes dinero, entonces le dices a tu amiga:
–¿Sabes? Va a tener que ser la próxima semana, porque he gastado todo el dinero de entretenimiento para esta semana.

Quizá Carolina te diga:
—No te preocupes, yo pago.

Entonces muy amablemente le dices:
—¡Gracias! ¡Eres una buena amiga!...

¡Y esa es la diferencia entre los que tienen un plan y los que no! Los que no tienen un plan, ¡no saben cuándo parar de gastar!
Lo mismo debe ocurrir con los gastos misceláneos. Una vez que se te acabaron los gastos varios de la semana, no vas a poder ir a cortarte el cabello o a hacerte las uñas hasta la semana que viene. ¿Por qué? Porque ya se te acabaron los gastos misceláneos y te has comprometido a esperar hasta el próximo día de pago.

Tal vez no vas a poder bajar juegos, música o comprarte tu chocolate preferido esta semana porque has gastado demasiado en esa categoría. Quizás alguna otra cosa tenga que sufrir las consecuencias. El asunto es estar totalmente comprometido a cumplir con la palabra empeñada.

Muy bien. Ahora tienes un plan personal y también tienes una forma concreta y práctica de controlarlo. ¿Qué te parece?

El primer ingrediente para lograr la prosperidad integral está en tus manos. No te desanimes. Tú puedes tomar control de tus finanzas. No te dejes desanimar por aquellos que te dicen que no lo vas a poder hacer.

Tampoco te dejes desanimar por los errores que puedas cometer mientras tratas de cambiar tus hábitos. No desmayes. ¡Aprende de tus errores y continúa hacia adelante!

Una vez leí el libro *Unstoppable [Nada me detendrá]*, de Cynthia Kersey, y me llamó la atención una serie de ideas que me gustaría compartir contigo para animarte:[6] cuando Cristóbal Colón cometió un error en sus cálculos y en vez de llegar a la India se topó con el continente americano, ¿fue eso un fracaso o un triunfo?

Cuando Thomas Edison descubrió la forma de crear una lamparita eléctrica después de haber fallado cuatro mil veces, ¿fue un fracasado o un exitoso?

Henry Ford siempre decía: «Estoy buscando hombres que tengan una capacidad infinita para *no saber lo* que no se puede hacer». Todo el mundo sabe lo que no se puede hacer. Pero son solo aquellos que no quieren saber lo que no se puede hacer los que finalmente logran lo imposible.

«Liquida tu negocio ahora mismo y recupera lo que puedas de tu dinero. Si no lo haces terminarás sin un centavo en el bolsillo», le dijo el abogado de la ahora famosísima multimillonaria Mary Kay Ash, apenas unas semanas antes de que abriera su primer negocio de cosméticos.

«Una cadena mundial de noticias, nunca va a funcionar», es lo que le dijeron a Ted Turner los «expertos» cuando presentó por primera vez su idea de crear CNN.

¿Quién te está diciendo que no puedes armar y manejar un plan de control de gastos? ¿Tu propia inseguridad? ¿Quizá tu propia familia? ¿Tus amigos? ¿Los compañeros de trabajo? ¡No los escuches!

Tú puedes, si quieres.
El futuro está en tus manos.

 **AGPANASIUK**

PARA HABLAR CON TUS AMIGOS:

1. Tú puedes ayudar a tus amigos y a la gente de tu comunidad de fe o del barrio a aprender a armar un Plan de Control de Gastos. Toma nuestra Certificación de Instructores, certifícate y comienza a enseñar esto entre tu grupo de influencia.

Mira este video llamado «¿Cómo hacemos un plan?» grabado en Más Vida-Morelia, para que veas cómo enseñamos este tema. Te darás cuenta de que no es tan difícil. Sin embargo, a pesar de ser un taller sencillo, hemos tenido historias de profundos cambios personales y familiares como resultado de haber traído orden a la vida financiera del individuo o su familia.

También puedes encontrar un enlace a este video en la página del Instituto para la Cultura Financiera: **www.CulturaFinanciera.org/EsperanzaDeFuturo.**

Nota: no copies ni compartas este enlace con otras personas. Este video no está disponible al público, es solo para los que compran este libro y algunos productos de nuestra institución. Tiene derechos reservados del Instituto para la Cultura Financiera.

Toma nota de las ideas que te llaman la atención de este video.

_____

_____

_____

_____

_____

_____

_____

2. Desafía a tu mejor amigo/amiga a desarrollar un Plan de Control de Gastos contigo y miren quién termina controlando sus gastos con el sistema de sobres y de días de pago familiar de aquí a tres meses. El perdedor puede pagarle una comida al ganador, o alguna otra cosa por la que se pongan de acuerdo. Hagan la competencia divertida. Cuéntame de tu experiencia en Facebook®: **www.Facebook.com/agpanasiuk.**

Escribe aquí los detalles del acuerdo del desafío:

_____

_____

_____

_____

_____

_____

_____

3. Ayuda a tus padres a organizarse económicamente. Muéstrales el video. Descarga para ellos los formularios que tenemos en el área de Recursos en la página de **CulturaFinanciera.org.** Comparte con ellos el contenido de este capítulo. Pregúntales qué piensan sobre este asunto de dominar al dinero y no dejar que este te domine a ti. Escribe aquí sus historias y consejos.

_____

_____

_____

_____

_____

_____

_____

_____

_____

_____

_____

_____

_____

_____

_____

_____

_____

_____

ERRORES COMUNES QUE COMENTEMOS CUANDO RECIÉN EMPEZAMOS

En abril de 2005 *Lego Star Wars* salió al mercado en todo el mundo. Recuerdo haberme sentado a ver jugar a mi hijo. Un día, mientras lo miraba morir en el campo de batalla una vez tras otra, se me ocurrió pensar que una de las grandes ventajas de los juegos electrónicos es que si a uno lo matan en combate, siempre tiene la posibilidad de comenzar de nuevo, como si nada hubiese pasado. Sin embargo, no es así en la vida real. Cuando caemos en alguna trampa y «morimos» o somos «heridos» financieramente, las consecuencias de nuestras malas decisiones nos acompañarán en los años por venir.

Por otro lado, es importante clarificar que todo el mundo «mete la pata» en algún momento u otro. Es una característica de los seres humanos. Sin embargo, si yo puedo ayudarte a no cometer los mismos errores que cometí cuando tenía tu edad, entonces puedo ponerte en una plataforma que te llevará mucho más lejos económicamente, ¡y eso me hará muy feliz! Los errores más comunes son los siguientes;

○ Comprar cosas que no necesitas con dinero que no tienes: esto, en realidad, es muy común porque tienes tu primer trabajo, estás haciendo algo de dinero y piensas que finalmente «mereces darte un gusto». Eso no es malo, si los gustos no se acumulan y si tienes el efectivo para hacer las compras.

También debes considerar tus compras a la luz de la voluntad del verdadero Dueño de tu dinero. ¿Cómo gastaría ese dinero Jesús? ¿Cómo quisiera Dios que inviertas los recursos que él está poniendo en tus manos? Piénsalo...

La otra razón por la que uno llega a comprar cosas que no necesita es la presión de los amigos y de las oficinas de mercadeo en las grandes empresas por venderte los últimos «juguetes» de la moda. Resístelos.

○ Confundir necesidades con deseos: enfócate en discriminar regularmente qué es una *necesidad* y qué es un *deseo*.

Cuando tomé mis clases de psicología en la universidad, se estudió en alguna de ellas la famosa «Escala de Maslow». Esa escala dividía las necesidades del ser humano en cinco áreas generales que iban desde las más básicas (fisiológicas) hasta la necesidad de sentirse realizado (pasando por la necesidad de seguridad, pertenencia y estima propia).[1]

Sin embargo, para los propósitos de nuestro estudio voy a definir como «necesidad económica» todas aquellas cosas que realmente necesitamos para sobrevivir: comida, vestimenta, un techo sobre nuestra cabeza, etc. No solamente cosas materiales o corporales, sino todo aquello que estemos verdaderamente necesitando para nuestra supervivencia como seres humanos (por ejemplo: seguridad, salud, transporte, etc.).

Nosotros debemos colocar nuestras necesidades en el nivel de prioridad más alto. Debemos buscar suplirlas a toda costa. Allí deben ir nuestros recursos financieros sin mayores dudas ni retrasos.

Cuando hablamos de las compras que tenemos que hacer, todo aquello que no es una necesidad, es un deseo. Ya sea un deseo «de calidad» (DC), mediante el cual queremos satisfacer una necesidad con algo que tenga *una calidad más alta* o sea un deseo «propiamente dicho» (al que llamaremos simplemente «deseo» y lo identificaremos con la letra «D»), que significa que simplemente quisiéramos tener algo que nos gusta.

Un DC podría ser, por ejemplo, un buen pedazo de bistec en lugar de una hamburguesa. El alimento es una necesidad básica del cuerpo. Pero, en este caso, uno está queriendo satisfacer esa necesidad con un producto más costoso y de más alta calidad: un bistec. Lo mismo podría ocurrir en todas las otras áreas de necesidades reales en nuestra vida: podemos comprar un vestido en una tienda de vestidos usados o podemos comprar uno de alta confección. En ambos casos, la vestimenta es una necesidad, pero la forma en la que queremos satisfacer esa necesidad puede transformar la compra en un deseo.

Un D es todo aquello que no tiene nada que ver con una necesidad. Comprarnos un gabinete para el televisor, una mesa para el patio de la casa, una videograbadora, un velero o comprar otra propiedad para hacer negocio con ella pueden ser ejemplos de este tipo de deseos.

Nosotros deberíamos satisfacer nuestros deseos solamente después de satisfacer nuestras necesidades y si tenemos los recursos económicos para hacerlo.

Por lo tanto, antes de salir de compras es importante que tengamos en claro lo que es una necesidad y lo que es un deseo. En estos días la gente tiene la tendencia de decir: «Necesito una computadora» o «necesitamos una cámara de sacar fotos», cuando, en realidad, deberían estar diciendo: «¡Cómo quisiera comprarme una computadora!» o «¡Cómo nos gustaría tener una cámara de sacar fotos!».

Lamentablemente, en los últimos treinta años hemos pasado a través de un proceso de condicionamiento para comenzar a hablar de «necesidades», en vez de reconocer nuestros deseos. Al hacerlo, creamos una ansiedad interior que nos impulsa a satisfacer esa «necesidad». Es entonces cuando invertimos nuestro dinero en cosas que realmente podrían esperar y nos olvidamos de proveer para aquellas cosas que realmente necesitamos (ya sea en forma inmediata o a largo plazo).

○ Acumular deudas innecesarias: hay una muy buena razón por la que el millonario Salomón dice que «los deudores son esclavos de sus acreedores»,[2] ¡porque esa es la pura verdad!

Tengo cientos de historias de terror con respecto al tema de las deudas. Yo sé que quizás todavía no has encontrado una pareja o no estás pensando en casarte inmediatamente. Sin embargo, a pesar de no tener un estudio científico que me apoye, luego de viajar casi 2 millones de kilómetros alrededor del mundo, mi experiencia me dice que un alto porcentaje de parejas que se divorcian (quizás entre el sesenta y el setenta por ciento), apuntan a problemas de dinero como parte del proceso del divorcio y una buena cantidad (entre el cuarenta y el cuarenta y cinco por ciento) se deben estar divorciando primordialmente por cuestiones económicas.

Alex Veiga, de Associated Press, escribiendo para el *Huffington Post*, dice que el dinero es la razón número uno por la que los casamientos terminan en divorcio en Estados Unidos.[3] No creo que sea muy diferente para el resto de los países del continente americano. Entonces, yo creo que es muy importante que evites los problemas de dinero antes de que ocurran.

El estudiante norteamericano típico debe en sus préstamos estudiantiles ¡34.703 dólares! Te puedes imaginar cuando dos deudas de estas se enamoran y quieren casarse... Por eso tenemos un taller que se llama «Hasta que el dinero los separe»... y esa es la razón por la que las finanzas en las parejas jóvenes causa tanto estrés. ¡No lo hagas!
Por favor... ¡Huye de las deudas como de la plaga!

¿Quieres ver otras estadísticas interesantes sobre las deudas en Estados Unidos? ¿Hablas un poquito de inglés? Dale una miradita a este Código QR[4]. Te llevará a un infographic muy interesante sobre la situación económica de los norteamericanos en 2012. No necesitamos imitarlos.

También puedes encontrar un enlace a este infographic en la página del Instituto para la Cultura Financiera: **www.CulturaFinanciera.org/EsperanzaDeFuturo.**

○ No ahorrar con regularidad: ser rico no significa tener un gran sueldo. Riqueza no es ganar mucho dinero. La riqueza es la acumulación de ese dinero.

Salomón explica que en la casa del sabio siempre se acumulan preciosos tesoros, pero que el tonto, se gasta todo lo que tiene.[5] Hoy en día tenemos muchísimas personas que ganan un buen sueldo y, sin embargo, no son ricos, solo se están dando la gran vida, gastándose cada peso que tienen encima. Eso no es riqueza.

Hace algún tiempo, escribí un libro que se llama *La mujer que prospera*. Déjame compartir algunas ideas que tienen que ver con lo que estamos hablando:

No todo lo que brilla es oro y la riqueza no es lo que aparenta ser. Hay un libro muy interesante sobre el asunto, se llama *El millonario de al lado*[6] de Thomas J. Stanley y William D. Danko. Es uno de los libros más vendidos del mundo y es una ventana a la vida de los millonarios de Estados Unidos.

Stanley y Danko dedicaron años de trabajo e investigación a estudiar el comportamiento de los millonarios en Norteamérica. Me gustaría compartir contigo algunas cosas interesantísimas que descubrieron.

Una de las revelaciones que los autores hacen, por ejemplo, es que en Estados Unidos mucha gente que vive en casas costosas y manejan automóviles de lujo no tienen, en realidad, mucha riqueza. Mucha gente que tiene una gran cantidad de riqueza no vive en los barrios más sofisticados del país.[7]

La mayoría de la gente se confunde cuando piensa sobre el concepto de la riqueza. Riqueza no es lo mismo que entradas de dinero. Uno puede tener un salario altísimo y no ser rico. Puede que simplemente uno esté gastando todo lo que recibe en una vida de alto vuelo. La riqueza, sin embargo, tiene que ver con lo que tú acumulas, no con lo que gastas.[8]

¿Cuál es el secreto para acumular riquezas? Raramente se trata de tener suerte o recibir una herencia, o de tener un título universitario o, aún, de poseer un alto nivel de inteligencia. La riqueza, dicen Stanley y Danko, en la mayoría de los casos, tiene que ver con un estilo de vida de trabajo duro, perseverancia, planeamiento y, sobre todo, de disciplina personal.[9] En Estados Unidos solamente 3 millones y medio de hogares (3,5% de los hogares del país), tienen un balance de más de un millón de dólares entre su activo y su pasivo. La mayoría de esta gente viven gastando menos de lo que ganan, visten trajes baratos, manejan autos nacionales (la mayoría de estos millonarios nunca ha pagado más de 30.000 dólares por un automóvil en su vida), e invierten entre el 15 y el 20% de sus ingresos.[10]

¿Cuál es la razón por la que, proporcionalmente, tan poca gente es realmente afluente en Estados Unidos? Stanley y Danko dicen que, a pesar de estar ganando más de 10.000 dólares por mes, la mayoría de esos hogares no son realmente ricos. La razón es que tienen una tendencia a caer en deudas y a consumir insaciablemente. Esas familias creen que si no demuestran tener posesiones materiales en abundancia no son exitosos...[11]

Entonces, como puedes ver, la vida de un millonario en Estados Unidos no es tan glamorosa como nos la presentan en televisión o en las películas. Dicen los investigadores del libro *El millonario de al lado* que las tres palabras que presentarían un perfil apropiado de los ricos del país del norte es: frugalidad, frugalidad y frugalidad.[12]

No es que sean avaros, pero odian el derroche. Puede que para el cumpleaños de la esposa le compren un tapado de visón (una buena inversión y una demostración de amor). ¡Pero se enojarían si se dieran cuenta que la luz del baño ha quedado encendida sin razón durante toda la noche![13]

La falta de ahorros hace que cuando vengan los problemas a tu vida, tengas que terminar pidiendo dinero prestado. Eso te va a meter en serios problemas y va a traer mucho dolor a tu vida.

Por eso, necesitas empezar a ahorrar ahora mismo. Puedes empezar de a poquito. Quizás con el equivalente a cinco dólares por semana. La cantidad no importa. El ahorro es un hábito adquirido. Lo importante es que empieces y desarrolles el hábito de ahorrar.

Comienza dando a Dios primero y pagándote a ti en segundo lugar: cuando recibes tu paga, toma el diez por ciento y sepáralo para Dios, toma el otro diez por ciento y colócalo en una cuenta de ahorro. «Si no lo ves, no existe», dice un dicho popular.

Me gustaría sugerirte estas tres metas nuevamente

Meta número 1: abrir una cuenta de ahorro en el banco y llegar a colocar allí hasta el treinta por ciento de tu DD.
Meta número 2: acumular eventualmente de dos a tres meses de tu DD.
Meta número 3: cuando ya tengas los tres meses en el banco, puedes abrir una cuenta de ahorro a largo plazo (como, por ejemplo, un depósito a plazo fijo, un Fondo Mutuo, etc.), o comenzar a pensar en una inversión creativa. Mira este corto video sobre el concepto de ahorrar a largo plazo.[14]

También puedes encontrar un enlace a este video llamado Fondos para la vejez en la página del Instituto para la Cultura Financiera: **www.CulturaFinanciera.org/EsperanzaDeFuturo.**

○ No tomar responsabilidad personal por tus finanzas: finalmente, si tú no ordenas tus finanzas, alguien te las desordenará. Hasta ahora has vivido bajo el cuidado y la dirección financiera (buena o no tan buena) de tus padres. Es por eso que toma tiempo y esfuerzo el darse cuenta que ahora debes tomar tus propias decisiones económicas y debes marcar tu propio futuro.

A partir de ahora, no hay nadie a quien puedas echarle la culpa por tu fracaso económico. Tú eres el arquitecto de tu futuro.

○ Desarrolla un plan.
○ Mantente lejos de las deudas.
○ Ahorra con regularidad.
○ Planea para el futuro.
○ Muévete con cuidado por la Internet.
○ Lleva contigo solo el dinero que necesitas para la semana.
○ Carga solo la tarjeta de débito que usas regularmente.
○ Desarrolla un archivo de documentos importantes.
○ Cuida tu reputación crediticia.
○ Compra un auto que puedas pagar en efectivo o lo antes posible.
○ Vive con frugalidad.

f 🐦 BÚSCAME EN FACEBOOK Y TWITTER: **AGPANASIUK**

PARA HABLAR CON TUS AMIGOS:

1. Piensa en esta pregunta. San Pablo una vez le dijo a la gente que vivía en Roma que no debían aceptar la forma de vivir ni la manera de pensar de sus compatriotas, sino que debían transformar su manera de pensar por medio de la renovación de la forma en la que entendían las cosas.[15] Ese tipo de desafíos trajo grandes cambios al difícil mundo europeo de la época. Piensa: ¿cómo podríamos nosotros ayudar a otros a resistir los mensajes distorsionados de las campañas de mercadotecnia?

_____

_____

_____

_____

_____

_____

_____

2. Arma un Sistema de Archivo:

a) Pide una caja vacía de libros en una librería amiga.
b) Compra de diez a veinte carpetas colgantes.
c) Rotula las carpetas con las categorías y las subcategorías que necesites (Auto, Banco, Escuela, Información Personal, Tarjetas, Trabajo, Vivienda / pago, /luz, /gas, /teléfono, /Internet, /cable, /mantenimiento, etc.).
d) Comienza a colocar en esas carpetas todos los recibos y papeles asociados con tu vida.
e) Al final del año, guarda el contenido de cada carpeta colgante en grandes sobres y colócalos en cajas de archivos «a largo plazo». Comienza de nuevo el año que viene.

Para jugar con tus amigos:[16]

3. Aquí te presento un juego para aprender a diferenciar entre Necesidades (N), Deseos de Calidad (DC) y Deseos propiamente dichos (D). Escribe al lado de cada palabra las letras N, DC o D según corresponda.

Háblalo con tus amigos. Compara resultados y luego compara las respuestas con las nuestras en la siguiente página. El que tenga más definiciones acertadas gana.

1. Comida		11. Educación		21. Fiesta de cumpleaños	
2. Pantalón		12. Casa		22. Comidas en restaurantes	
3. Zapatos		13. Vivienda		23. Turismo en las montañas	
4. Bistec		14. Transporte		24. Herramientas	
5. Helado		15. Auto		25. Teléfono	
6. Vacaciones		16. Pela papas		26. Juguetes	
7. Televisor		17. Dulces		27. Vestido	
8. Radio		18. Perfume		28. Limpiadores	
9. Computador		19. Video		29. Regalos especiales	
10. Café		20. Soda		30. Mascotas (perro, gato, etc.)	

N = necesidad básica del ser humano.
DC = deseo de calidad: necesidad básica satisfecha con una solución de más alta calidad.
D = deseos. No son necesidades básicas.

Respuestas:

1. Comida	N	11. Educación	N	21. Fiesta de cumpleaños	DC
2. Pantalón	N	12. Casa	DC	22. Comidas en restaurantes	DC
3. Zapatos	N	13. Vivienda	N	23. Turismo en las montañas	DC
4. Bistec	DC	14. Transporte	N	24. Herramientas	DC
5. Helado	D	15. Auto	DC	25. Teléfono	DC
6. Vacaciones	N	16. Pela papas	D	26. Juguetes	D
7. Televisor	D	17. Dulces	D	27. Vestido	N
8. Radio	DC/N	18. Perfume	D	28. Limpiadores	DC
9. Computador	DC/N	19. Video	D	29. Regalos especiales	DC
10. Café	D	20. Soda	DC	30. Mascotas (perro, gato, etc.)	D

N=necesidad básica del ser humano.
DC=deseo de calidad: necesidad básica satisfecha con una solución de más alta calidad.
D=deseos. No son necesidades básicas.

Notas:

8. Radio: la radio cumple una función diferente a la que cumple la TV. La radio es un importante medio de información, de socialización y de contacto comunitario. Es por eso que la hemos colocado como «DC». En algunos pueblos del interior del país y alejados de las grandes ciudades podría llegar a ser «N». La TV es, primordialmente, un medio de entretenimiento.

9. Computador: depende de para qué se use; una computadora puede llegar a cumplir ciertas funciones muy importantes en el hogar (organización de las finanzas, educación de los niños, investigación en Internet...), y es casi esencial en el negocio. En otros casos, puede que se use como una fuente de entretenimiento casi exclusivo.

12/13. Casa/Vivienda: si bien la vivienda es una necesidad básica del individuo, la casa no lo es. Uno podría satisfacer la necesidad de vivienda, por ejemplo alquilando un departamento.

20. Gaseosa (agua o jugo con gas): al igual que todas las otras bebidas gasificadas y jugos, es un DC porque el beber líquidos es una necesidad básica de los seres humanos. Necesitamos beber agua. Los jugos y gaseosas son una elección más costosa para satisfacer esa necesidad.

22/23. Comidas afuera y turismo: la recreación es una necesidad, pero podríamos recrearnos sin necesidad de comer fuera ni tener que hacer turismo. Esas son elecciones «de calidad» para satisfacer la necesidad básica.

29. Regalos especiales: amar y sentirse amado es una necesidad básica de los seres humanos. Sin embargo, podríamos demostrar nuestro amor hacia otros sin necesariamente tener que comprar regalos. Es una elección de satisfacer la necesidad con una solución de más alta calidad. Por eso es DC.

MI PRIMER
amor...
EL AUTO

Cap 6

¿CÓMO COMPRO MI PRIMER AUTO?

Hace algunos años atrás escribí un libro titulado *¿Cómo compro inteligentemente?* Decidí escribirlo en el año 2001 cuando vi la locura que estaba ocurriendo en Estados Unidos con el tema de la compra de bienes raíces y con el tremendo deseo de evitar que nuestra gente se metiera en problemas. Lo publicamos en 2003, ¡cinco años antes de que comenzara la Gran Recesión!

Aquellos que siguieron mis consejos, no sufrieron la recesión de la misma manera que los que no lo hicieron. Al contrario. Tengo testimonios de gente que, tomando el consejo de mis libros, vendió sus propiedades justo antes de la caída de los precios de las casas y se quedaron con decenas de miles de dólares de ganancia en sus bancos. ¡Qué gusto me da!

Permíteme compartir contigo algunas recomendaciones que les doy a mis lectores de *¿Cómo compro inteligentemente?,* y que en esta ocasión he adaptado y actualizado para ti.[1] Eran verdad a comienzos del siglo en Estados Unidos y son verdad el día de hoy, aquí, en tu propio país.

Pasos que te guiarán para comprar un auto inteligentemente:

1. Averiguar cuánto dinero tengo.
2. Descubrir qué tan bueno es mi crédito.
3. Asegurar un préstamo antes de salir a comprar.
4. Definir el tipo de vehículo.
5. Negociar inteligentemente... ¡y comprar!

El doctor Larry Burkett solía decir que los medios de comunicación social se refieren a nosotros como «consumidores». Sin embargo, él creía que el banquero y empresario David Hannum usaba una palabra mucho más apropiada: *tontos.*[2]

Cuanto más pienso en mi pasado y en la manera en la que mi esposa y yo tomábamos decisiones financieras cuando teníamos veinticuatro o veinticinco años, más me identifico con Hannum. No es que tuviéramos un problema de desarrollo mental. Todo lo contrario: mi esposa y yo tenemos estudios universitarios, somos gente instruida... Sin embargo, cuando se trataba de temas financieros, teníamos serios problemas de «ignorancia económica».

Cuanto más viajo por el continente más problemas de ignorancia económica descubro. Las empresas y oficinas de mercadeo gastan millones de dólares en campañas publicitarias para crearnos necesidades que no tenemos, consumir productos que no necesitamos, con dinero que no poseemos, ¡para impresionar a gente que ni siquiera conocemos!

La cantidad de dinero que se gasta en llevarnos por el camino equivocado es tan grande, que todos los esfuerzos para educar al consumidor son simplemente pequeñas gotas de agua que se pierden en el océano del mercado latinoamericano.

En Estados Unidos solamente, los latinos tenemos un poder adquisitivo de casi un billón de dólares (*one trillon,* en inglés). ¡Y ni qué hablar del resto del continente!

Es por eso que somos presas de las campañas publicitarias y de los esfuerzos de los medios de comunicación social (a través de los comerciales, las películas, las revistas, los diarios, etc.) para llevarnos a consumir de forma inapropiada.

Un consumidor educado es el arma más potente contra los mercadólogos sinvergüenzas que tratan de succionarnos el dinero que tanto nos cuesta ganar semana tras semana, mes tras mes.

Como la compra de un auto es probablemente una de las compras más importantes que hacemos en la vida, quería estar seguro de darte algunos secretos importantes para la compra de tu próximo automóvil.

Básicamente, veremos tres aspectos:

- ◦ Los pasos correctos para realizar la compra
- ◦ ¿Qué hacer durante el proceso de compra?
- ◦ ¿Cómo cerrar el trato?

Las compras mayores son iguales

Cuando compras tu auto, debes seguir los mismos pasos que para comprar una casa. Por eso, te voy a explicar cómo comprar tu primer auto y, una vez que aprendas el proceso y tengas el dinero para la casita o el departamentito, ya vas a saber qué hacer. Debes ver cuánto dinero tienes para pagar las cuotas y para mantener el auto, confirmar que tienes buen crédito, conseguir el préstamo más conveniente, hacer una lista de las necesidades y deseos, y salir a buscar el auto que quieres comprar.

Lo último que tienes que hacer es pensar en el modelo de auto que quieres. Olvídate de elegir el tipo de auto a estas alturas. No pienses en ello. Sigue mis pasos y ya llegaremos al punto de decidir qué auto te conviene comprar.

Una mala inversión

Comprar un auto es, probablemente, una de las *peores inversiones* que uno hace en la vida. La razón por la cual comprar un auto es una mala inversión, es que (al revés de las casas) todos los autos sufren una fuerte pérdida de su valor a través del tiempo. Por supuesto, uno no compra un auto para hacer una inversión, sino porque es una necesidad. Pero ya que estamos perdiendo plata... ¡tratemos de perder la menos posible!

Considera, por ejemplo, la pérdida de dinero que ha tenido una familia que se compró un automóvil nuevo en el año 2010 y lo quiso vender tres años después, en 2013. La depreciación típica fue del cuarenta y tres por ciento.[3]

Eso quiere decir que, estando la transacción de compraventa de autos en un promedio de los $29.217,[4] estos pobres inocentes perdieron en tres años la friolera de ¡$11.685! (traduce estos dólares a la moneda de tu país para tener una idea clara de la magnitud de la pérdida). El auto ahora vale solamente US$17.531.

Lo peor de todo es que si tomaron un préstamo en enero de 2010 por cinco años al diez por ciento anual, en enero de 2013 –después de haber pagado cuotas por US$22.348–, todavía deben US$13.453.

Eso quiere decir que, después que uno gasta más de veinte mil dólares en cuotas mensuales, uno vende el auto, paga el préstamo y se queda con solamente unos US$4.078 en el bolsillo.

¡Qué gran diferencia con lo que ocurre con una casa o departamento! *Los bienes inmuebles* nos proveen un servicio y, a la vez, aumentan de precio con el tiempo. Los bienes muebles –el auto, los muebles de la casa, los electrodomésticos– pierden rápidamente su valor.

Es por eso que en El Instituto para la Cultura Financiera siempre recomendamos que compres un auto con, por lo menos, tres años de uso y bajo kilometraje (o millaje). Ese es el momento en que el consumidor anterior ha perdido la mayor cantidad de dinero en la transacción. Después de los tres años, la depreciación es mucho más lenta.

Entonces, tú te puedes comprar el mismo auto que pensabas tener tres años atrás. Lo pagas en tres años y, una vez que lo terminaste de pagar, los siguientes tres años te «pagas» a tu propia cuenta de ahorro al cinco por ciento anual una «cuota del auto» de US$620 (igual a la que ibas a pagar en tu compra original) y te quedas con ¡veinticuatro mil dólares en el bolsillo!

¿Te das cuenta cómo puedes comprar inteligentemente y quedarte con dinero en tu cartera? Ahora, vendes el auto que tienes, tomas algo de tu ahorro y te compras el siguiente auto ¡al contado!

El resto del dinero, lo colocas en tu cuenta de inversión para tu edad madura. Eso se llama manejar sabiamente tus recursos, y hará una gran diferencia a través de los años con el dinero que tus amigos hayan acumulado después de vivir «la vida loca» que les ofrece la sociedad de consumo.

Pasos para comprar tu auto inteligentemente:

1. ¿Cuánto dinero tengo?
2. ¿Qué tan bueno es mi crédito?
3. ¿Puedo asegurarme un préstamo?
4. ¿Qué tipo de vehículo?
5. ¡Pescar y comprar!

1. ¿Cuánto dinero tengo?

Como ya te expliqué cómo hacer estas cuentas, simplemente te paso un formulario para calcular cuánto puedes gastar en el pago mensual del auto.

Supongamos que vives en Estados Unidos y tienes un DD de dos mil dólares mensuales (un salario bruto de treinta mil al año). El dinero que tienes disponible para el transporte será de US$300.

Los gastos estimados de un auto en Estados Unidos (totalmente imaginarios):

Gastos aproximados del auto por mes (sin el pago mensual)		Escribe aquí el promedio mensual de todos los gastos de transporte que crees que vas a tener.	**Consejo amigo...** Si vives en Estados Unidos, Canadá o Puerto Rico y tu DD=2.000
Impuestos	US$ 10		Busca el 15% de tu DD.
Gasolina	US$ 60		2.000 (DD) x 0,15
Seguro del auto	US$ 70		
Reparaciones (promedio)	US$ 30		Escribe abajo el resultado... Esta es la cantidad TOTAL de dinero que deberías estar gastando en transporte, ¡como máximo!
Mantenimiento (promedio)	US$ 10		
Otros gastos	US$ 20		
	US$ _____		
	US$ _____		Si gastas más, ¡te meterás en problemas!
	US$ _____		
	US$ _____		
	US$		
Suma todas las cantidades. [B]	U$200	[A]	U$300

1. ¿Cuál es tu DD mensual multiplicado por 0,15? [A] = DD x 0,15	**U$300**
2. ¿Cuáles serán tus gastos de auto? (sin el pago mensual) [B]	**U$200**
Resta [A] - [B] Este es el dinero que te queda para pagar el préstamo para comprar tu auto.	**U$100**

Con US$100 por mes, y pagando un ocho por ciento de interés anual, proba-blemente puedas acceder a un préstamo de tres mil doscientos dólares, si lo pides por treinta y seis meses (tres años), y a un préstamo de cuatro mil nove-cientos dólares si lo pides a sesenta meses (cinco años).

Eso no es mucho dinero en Estados Unidos, es verdad. Pero si tienes un DD de dos mil dólares mensuales, esa es la cantidad que tienes. Si gastas más dinero, probablemente no te queden recursos suficientes para proveer dinero a otras categorías (como el ahorro, los gastos médicos, la ropa y otros gastos que no tenemos mensualmente... ¡pero que eventualmente aparecen!)

No te engañes ni te dejes engañar. Acepta tu realidad económica y busca al-ternativas creativas dentro de tus posibilidades financieras.
Ahora es tu turno...

Gastos aproximados del auto por mes (sin el pago mensual)			**Consejo amigo...** Si vives en Estados Unidos, Canadá o Puerto Rico y tu DD=<u>2.000</u>
Impuestos	_____		Busca el 15% de tu DD.
Gasolina	_____		<u>2.000</u> (DD) x 0,15
Seguro del auto	_____		
Reparaciones	_____	Escribe aquí el promedio mensual de todos los gastos de transporte que crees que vas a tener.	Escribe abajo el resultado... Esta es la cantidad TOTAL de dinero que deberías estar gastando en transporte, ¡como máximo!
(promedio)			
Mantenimiento	_____		
(promedio)			
Otros gastos	_____		Si gastas más, ¡te meterás en problemas!
Suma todas las cantidades. [B]	_____	[A]	_____

1. ¿Cuál es tu DD mensual multiplicado por 0,15? [A]= DD x 0,15	
2. ¿Cuáles serán tus gastos de auto? (sin el pago mensual) [B]	
Resta [A] - [B] ➡ Este es el dinero que te queda para pagar el préstamo para comprar tu auto.	

Una nota muy personal

Yo creo mucho en el tema de la provisión que viene de lo Alto. Yo creo que si Diosito me quiere dar algo en la vida me lo va a dar sin que yo tenga que violar mi presupuesto. He comprendido que si aprendo a ser feliz en el estrato económico en el que estoy colocado en este momento particular de mi vida, disfruto más de la vida y me meto en muchísimos menos problemas. Rebelarme contra esa provisión solo me va a traer dolores de cabeza...

Alternativas creativas

En lugar de «compra primero y paga después», ahorra primero y compra después.

○ Ahorra suficiente dinero para el «enganche», y de esa manera no tendrás que pedir un préstamo demasiado grande.

○ Compra un auto más antiguo ahora y ahorra para comprar uno más nuevo después.

○ Múdate cerca de tu trabajo y usa el transporte público.

○ Arregla con algún amigo para que te pasen a buscar y te dejen en tu casa a la vuelta del trabajo.

○ Habla con la gente del club al que perteneces. Deja saber en tu comunidad de fe, iglesia o sinagoga la necesidad que tienes.

○ Yo he visto a gente que tiene varios autos en una iglesia y que prefiere regalar uno antes que venderlo, si conocen a alguien que realmente lo necesita.

○ Algunas veces uno puede comprar un auto a un precio muy reducido de algún amigo... y ¡hasta puedes recibir el financiamiento!

○ Si tienes un buen auto y no necesitas uno mejor por ahora, abre una cuenta de ahorro y comienza a pagarte una cuota mensual. Cuando el auto necesite ser reemplazado, tendrás algo de dinero guardado en la cuenta de ahorro para cambiarlo y pagar el siguiente auto al contado.

Si vives en Estados Unidos, Canadá o Puerto Rico, te presento un cuadro que indica la cantidad de dinero que te recomendamos que inviertas en los gastos totales de transporte de acuerdo a tu DD mensual:
Para Canadá, Estados Unidos o Puerto Rico

DD	Gastos		DD	Gastos		DD	Gastos
1200	180		2200	330		3200	480
1400	210		2400	360		3400	510
1600	240		2600	390		3600	540
1800	270		2800	420		3800	570
2000	300		3000	450		4000	600

1. ¿Cuánto dinero tengo?
2. ¿Qué tan bueno es mi crédito?
3. ¿Puedo asegurarme un préstamo?
4. ¿Qué tipo de vehículo?
5. ¡Pescar y comprar!

2.Confirmación de capacidad crediticia (buen crédito).

Recuerdo que cuando vivíamos en Latinoamérica antes de los años 80 el dinero en efectivo era «rey». El que tenía la capacidad de pagar algo en efectivo se lo consideraba como una persona exitosa.

Eso ya no es verdad en muchos de nuestros países y, en realidad, el día de hoy en Estados Unidos si uno no tiene «buen crédito», puede perder miles y miles de dólares. Si quieres comprar una casa de cien mil dólares a treinta años, la diferencia entre pagar un seis por ciento y un siete por ciento de interés es de casi ¡veinticuatro mil dólares!

Cuanto mejor tu reputación (y tu puntaje crediticio) mejor es el porcentaje que te cobrarán para prestarte dinero para una casa o un auto. Eso también puede determinar si te darán un mejor trabajo o no. Determina, incluso, si pagarás menos en tus pólizas de seguro de la casa o de seguro de vida. El puntaje de tu crédito es muy importante.

El crédito se mide con puntos. Pero este sistema de «puntos» no es universal. Cada prestamista tiene el derecho de aplicar su propio sistema de puntos para evaluar tu capacidad crediticia.

Sin embargo, en Estados Unidos, el sistema de puntos más popularmente usado por las empresas y bancos prestamistas se llama FICO y lo provee una organización llamada «Fair Isaac». Entonces, tu capacidad de crédito se evalúa, por un lado, por los «Informes de Crédito» que ofrecen ciertas compañías privadas como un servicio a las empresas y bancos; y, por el otro, por el puntaje FICO que normalmente lo llaman tu *credit rating* o *credit score* (voy a manejar ciertos términos en inglés porque ese es el idioma en el que se manejan los informes de crédito en Estados Unidos. De esa manera sabrás de lo que estoy hablando si vives en ese país del norte). Tu *rating* determina que tan buen cliente eres, cuál es tu capacidad adquisitiva y cuál es tu capacidad y seriedad al momento de devolver el préstamo.

Los puntos (o *rating*) FICO se miden dándole al consumidor un mínimo de 300 y hasta un máximo de 850 puntos. Con un mínimo de 650 puntos puedes ser considerado un *prime borrower*, o «cliente de primera» y puedes comenzar a recibir tasas de crédito especiales y un tratamiento favorable.

Para información sobre el Buró de Crédito en México, sigue este Código QR:[5]

También puedes encontrar un enlace llamado «Buró de crédito» en la página del Instituto para la Cultura Financiera: **www.CulturaFinanciera. org/EsperanzaDeFuturo.**

Para encontrar tu propio país, simplemente busca «Buró de Crédito, _____» (reemplaza la línea por el nombre de tu país).

La pregunta del *millón* de dólares: ¿cómo sé cuál es mi nivel de crédito? En Estados Unidos hay tres compañías que son las más conocidas en el ámbito de ofrecer informes de crédito: Equifax, Experian y TransUnion. Estas empresas también tienen oficinas en varios países del continente y ofrecen servicios similares a los que ofrecen en Norteamérica.

A continuación, te comparto los datos de cada una de estas compañías para que te pongas en contacto con ellas y les pidas una copia de tu *credit report* (tu reporte de crédito).

En muchos estados de la unión americana estas empresas tienen la obligación de proveernos en forma gratuita nuestro informe de crédito, hasta un máximo de dos veces al año. De todas maneras, llámalos y pídeles tu informe de crédito ANTES de salir a comprar un auto (o una casa).

Una vez que lo tengas, léelo en detalle y corrige cualquier error que encuentres (no es raro encontrar errores). Es importante contactar a las empresas por escrito y pedir que cambien los errores que haya en tu *credit report*. Muchas veces lo puedes hacer en sus propias páginas en Internet. Para que te provean la información de cuál es, específicamente, tu *score, credit rating* o FICO, probablemente tengas que pagar algo de dinero. ¡Hazlo! Vale la pena saberlo.

Aquí van los datos de dónde pedir tus informes de crédito:

Equifax
(800) 685-1111
Equifax Credit Information Services, Inc.
P.O. Box 740241
Atlanta, GA 30374
www.equifax.com
Equifax Latinoamérica: **http://www.equifax.com/home/es_ec**

Experian
(888) 397-3742; (888) EXPERIAN
P.O. Box 2002
Allen, TX 75013
www.experian.com
Experian Hispanoamérica: **www.experian.com.ar**
(Busca tu país en el área de «Sitios Mundiales»)

Trans Union LLC
Consumer Disclosure Center
(800) 888-4213
P.O. Box 1000
Chester, PA 19022
http://www.transunion.com/

Cuidado: hemos notado que hay una cantidad de empresas que te ofrecen informes de crédito «gratis». Sin embargo, muchas requieren de una tarjeta de crédito para realizar la transacción. La razón es que, en la mayoría de los casos, si bien te están proveyendo el reporte «gratis», también te están cobrando por un servicio que quizás no necesites –por ejemplo, el monitoreo de tu crédito. Lo mejor es contactar a las empresas que hemos mencionado anteriormente en forma individual y reclamarles una vez al año el informe gratuito que se te permite tener por ley.

La pregunta de los *2 millones de dólares*: ¿cómo puedo mejorar mi crédito? Esta es una pregunta que surge en casi cada programa de llamadas telefónicas que hago por radio o por televisión.

Aquí van algunos consejos:

- Paga tus cuentas a tiempo.
- Vive una vida libre de deudas...
- ... o por lo menos mantén tus deudas a menos del veinte por ciento de tus ingresos anuales.
- Ten una o dos tarjetas de crédito –eso no quiere decir que tengas que acumular deudas en ellas. Simplemente tenlas.
- No tener tarjetas te quita puntos, tener demasiadas también.
- Compra con tarjetas y paga cada mes el 100% del balance.
- Plántate en algún lugar del país –mudarse quita puntos.
- Mantente en un mismo trabajo –cambiar de trabajos te quita puntos.
- Revisa tus reportes de crédito y corrígelos con regularidad.

Cuidado: hay muchas empresas que te ofrecen «arreglarte el crédito». Algunas, honestamente, te llevarán a través de un proceso de sanidad financiera para que tu puntaje mejore. Sin embargo, no necesitas pagar por un servicio que cada uno de nosotros podemos hacer por nuestra propia cuenta.

El problema se presenta con algunas empresas inescrupulosas que no solamente te quitarán tu dinero, sino también podrán llegar a hacer actos ilegales –como solicitar otro número de Seguro Social o de EIN. Sabemos de gente que no solamente no pudo arreglar su crédito, sino que ahora tiene desarreglada también la vida... ¡tras las rejas!

La pregunta de los *3 millones* de dólares: ¿cómo arreglo mi crédito?
Esta es una pregunta que surge en casi cada programa de llamadas telefónicas que hago por radio o por televisión.

 Mira este Código QR de un video que grabamos con el Club 700 Hoy[6] llamado «Panasiuk arreglar el crédito». Me presentan uno de los conductores del programa, Héctor Hermosillo, y la conferencista internacional (y coanfitriona de nuestro programa radial), la señora Milenka Peña. También puedes encontrar un enlace a este video en la página del Instituto para la Cultura Financiera: **www.CulturaFinanciera.org/EsperanzaDeFuturo.**

Aquí van algunos consejos útiles sobre cómo arreglar el crédito:
- Pide tus informes de crédito a Experian, Equifax y TransUnion.
- Solicítales que cambien cualquier información equivocada.
- Contacta a tus acreedores. Pídeles que quiten de su informe de crédito cualquier información que no sea correcta.
- Pídeles, también, a aquellos acreedores que recibieron tu pago, pero por error pasaron algún informe negativo a las compañías informantes que mencionamos antes que rectifiquen ese error en el reporte.
- Paga todas tus deudas. Si necesitas ayuda de un mentor financiero, contáctanos en nuestro sitio web para que te asignemos un mentor/mentora: **www.CulturaFinanciera.org**
- Comienza a realizar todos tus pagos a tiempo.
- Construye un buen historial de crédito con las recomendaciones que te dimos antes.

El siguiente paso...
Ya hemos explicado cómo conseguir tu informe de crédito (*credit report*) en Estados Unidos y en otros países de Latinoamérica. Antes de salir a comprar un auto en Estados Unidos, debes saber muy bien cuál es tu puntaje FICO, tu *credit score*, y si tienes más de 650 puntos o si tienes menos.

Eso determinará la calidad de tu préstamo y el porcentaje que vas a pagar en intereses. Te va a ayudar al momento de negociar la compra.

1. ¿Cuánto dinero tengo?
2. ¿Qué tan bueno es mi crédito?
3. ¿Puedo asegurarme un préstamo?
4. ¿Qué tipo de vehículo?
5. ¡Pescar y comprar!

3. Ahora estamos listos para salir a comprar... ¡un préstamo!

Cuando vayas a comprar un auto, trata de no tomar el préstamo que te ofrecen en la concesionaria. Visita lugares de Internet para hacer tu propia investigación sobre cómo están los intereses de los préstamos de autos y pide información y estimados. Trata de llegar al concesionario con un préstamo preaprobado. Eso es como llegar con dinero en efectivo.

Si no tienes Internet, simplemente visita diferentes bancos de tu ciudad y compara precios y servicios. Nuevamente: salir a buscar plata para comprar un auto es igual que salir a comprar un televisor o un vestido: necesitas caminar bastante y elegir la mejor opción. No tengas temor de decirle a un empleado bancario: «En el banco XX me ofrecieron una tasa del x%. ¿Qué tasa me ofrece usted?».

No te comprometas con ninguna institución financiera. Lleva toda la información a la casa y compara fríamente los diferentes productos que te ofrecen. Jamás creas eso de que «esta tasa de interés es solamente por hoy... mañana puede ser diferente». Por supuesto que puede ser diferente: ¡puede ser más baja!

Recuerda también que, quizá, los bancos te aprueben un préstamo por una cantidad de dinero más alta de la que necesites. Solamente comprométete a llevar el préstamo por la cantidad de dinero que tu presupuesto te permita pagar mensualmente.

El principio del compromiso garantizado (PCG)

Este es un concepto que aprendí del que fue uno de mis mentores más influyentes, el doctor Larry Burkett. Como no encontré ningún equivalente cultural a este concepto, he decidido llamarlo «compromiso garantizado». La idea del compromiso garantizado proviene de un proverbio salomónico que dice así: «No seas de aquellos que se comprometen, ni de los que salen por fiadores de deuda. Si no tuvieres para pagar, ¿por qué han de quitar tu cama de debajo de ti?».[7]

El énfasis del concepto surge de la primera y la tercera frase: no seas de aquellos que se comprometen [...] Si luego no tienes con qué pagar... La idea principal es que cada vez que uno se compromete económicamente debe hacerlo solamente si tiene una forma segura de pagar la deuda.

Dicho de otra manera: nuestro activo siempre debe ser mayor que nuestro pasivo. Lo que nosotros tenemos debe ser siempre de más valor que lo que debemos.

Por ejemplo: si uno compra un televisor a pagar a plazo, no bien uno lo lleva a su casa, ese televisor comienza a perder valor. Si quiere venderlo al mes o a los dos meses después de haberlo comprado, puede ser que lo tenga que vender a un treinta o cuarenta por ciento de descuento respecto de su valor original. Sin embargo, la deuda contraída por el televisor no ha bajado tan rápido.

Ahora, el pasivo (lo que debemos por el televisor) es más grande que el activo (el valor real del televisor en el mercado). Hemos violado el PCG. Un gravísimo error al momento de tomar una decisión económica.

Respecto de un auto, supongamos que lo compramos por veinte mil a pagar a cinco años con un interés del cinco por ciento anual. No damos nada de anticipo (como ahora se acostumbra en muchos países). Sin embargo, a los doce meses tenemos una emergencia y lo tenemos que vender.

Un auto puede haber perdido hasta un treinta por ciento de su valor el primer año de uso. Por lo tanto, ahora nuestro auto solamente vale unos $14 mil en el mercado del usado. La mala noticia es que nosotros todavía tenemos una deuda de $16 mil. Entonces perdemos todos los pagos que hemos hecho, perdemos el auto ¡y todavía tenemos dos mil dólares de deuda!

Este no es un ejemplo exagerado. Esta es una historia que se repite una vez tras otra en todo el continente. Es la consecuencia de violar el PCG. La solución para este problema hubiera sido dar un «enganche» o anticipo de unos cuatro mil al comienzo de la transacción para que doce meses después, cuando vino el tiempo de las «vacas flacas» y algo inesperado llegó a nuestra vida, pudiésemos tranquilamente vender el auto, pagar los doce mil novecientos que tendríamos de deuda y quedarnos, por lo menos, con mil en el bolsillo.

Recuerda entonces: cada vez que entres en una deuda, la primera pregunta que te debes hacer es: «¿Cómo salgo?».

¡Cuidado! Uno de los peores errores financieros que puedes hacer al comprar un auto es violar el PCG. Siempre da suficiente anticipo.

Presunción del mañana

Otro error común es tomar una deuda presente basándonos solamente en ganancias futuras. Este error es tan común en todo el continente como el pan.

La enseñanza sobre la presunción también proviene de un proverbio de la antigüedad que dice: «No presumas del día de mañana, pues no sabes lo que el mañana traerá».[8]

Todos sabemos que el mañana no nos pertenece, sin embargo nos «jugamos» al futuro como a la lotería. Por eso a veces nos va tan mal...

Deberíamos evitar presumir del mañana y, cada vez que hacemos un compromiso económico en el presente, debería estar basado en ganancias pasadas y no en ganancias futuras.

A veces me dicen: «Pero Andrés, si yo compro esta máquina de cien mil y la máquina produce lo suficiente como para poder pagar las cuotas, ¿por qué no hacerlo?». A lo que me gusta responder: «¿Y cómo sabes que la máquina te va a producir lo suficiente como para pagar las cuotas? ¿Cómo sabes que no te vas a enfermar de aquí a doce meses? ¿Cómo sabes que el negocio te va a ir tan bien el año que viene como este año?».

Estas no son preguntas exageradas. Son preguntas basadas en la experiencia. De esa manera es como los negocios se van a la quiebra.

Lo mejor es estar seguros de que uno coloca una suficiente cantidad de dinero de «enganche», arras o anticipo para que, si el negocio no anda muy bien el año que viene, sea posible vender la máquina, pagar la deuda y salir del problema.

1. ¿Cuánto dinero tengo?
2. ¿Qué tan bueno es mi crédito?
3. ¿Puedo asegurarme un préstamo?
4. ¿Qué tipo de vehículo?
5. ¡Pescar y comprar!

4. Elegir el tipo de vehículo

Ahora que ya tienes tu préstamo preaprobado, antes de salir en búsqueda del auto apropiado, necesitas sentarte y hacer una lista de las cosas que ese auto necesita tener. Aquí hay que hacer una buena diferencia entre *necesidades y deseos.* Contesta a las preguntas: ¿qué cosas son *necesidades* (no negociables) y qué cosas son *deseos* (negociables)?
Por ejemplo:

Necesidades (no negociables)	Deseos negociables
• Precio • Pago mensual • Bajo consumo de gasolina • Calefacción y/o aire acondicionado • Espacio de carga • Que pueda ser usado para el negocio también • Cuatro asientos • Cuatro ruedas • Un motor... • Etc., etc.	• Color rojo • Vidrios ahumados • Sistema de audio • Cambios automáticos • Ventanillas electrónicas • Calefactor de asientos • Que se vea moderno • Sistema de navegación • Etc., etc.

Contesta a continuación, ¿cuáles son tus necesidades y tus deseos con respecto al auto que estás buscando?:

Necesidades (no negociables)	Deseos negociables

Tiempo de selección

Mira seriamente esta lista y tu presupuesto. Estas dos herramientas determinarán el tipo de transporte que necesitas. A estas alturas ya deberías tener una idea de lo que quisieras comprar:

- ¿Es un auto compacto de dos o cuatro puertas?
- ¿Es una furgoneta (pick-up) con cabina extendida?
- ¿En un vehículo utilitario (SUV) pequeño, mediano o grande?
- ¿Es una minivan?

Una vez que sepas el *tipo* de vehículo que necesitas, comienza a comparar precios. Para comparar precios te recomendamos:

- NO VAYAS A UN CONCESIONARIO... todavía.
- Lee los avisos de los diarios.
- Compra algunas revistas especializadas.
- Haz preguntas a parientes y amigos.
- Visita lugares de la ciudad donde los dueños vendan sus autos por cuenta propia.

En Estados Unidos y Puerto Rico:
Investiga en Internet.
Visita el sitio: **www.edmunds.com**
Visita el sitio: **www.digitalcars.com**
Visita el sitio: **www.kbb.com**
Visita el sitio: **www.nadaguides.com**

En estos sitios podrás colocar la marca del vehículo (Ford, Nissan, BMW, Toyota, etc.), luego podrás colocar el modelo que estás buscando y, finalmente, el año de ese modelo. Puede que te pregunten por los «adicionales» que estás buscando, como sistema de audio, levantavidrios eléctrico y cosas por el estilo.

Podrás «jugar» con las diferentes situaciones, marcas y modelos del tipo de vehículo que estás buscando para llegar, finalmente, a decidir cuál realmente quieres.

Recuerdo que hace algunos años atrás, con mi esposa, decidimos que, por la naturaleza de mi trabajo y la familia, necesitábamos una minivan (en cada país recibe un nombre diferente). Cuando recurrimos a la Internet en búsqueda de información, encontramos ocho marcas y doce modelos diferentes.

Imprimimos toda la información que pudimos de cada una de ellas, desparramamos las hojas en el piso del comedor de la casa de mis suegros y comenzamos a leer todo el material y a comparar precios, características, beneficios y problemas de cada uno de los modelos. Al final del proceso nos quedó en claro que de acuerdo con nuestra lista y a la cantidad de dinero que teníamos disponible, debíamos buscar una minivan Toyota Previa, del año 1994, con unos cincuenta mil kilómetros recorridos, que no costara más de once mil dólares.

Una vez que identificas el vehículo que necesitas de esa manera, es muchísimo más fácil salir de compras. Estás buscando algo específico, y si el concesionario no lo tiene o no te lo quiere dar al precio que pides, ¡ni siquiera te tienes que detener a conversar con el vendedor! Es mucho más fácil que andar «flotando» sin saber exactamente qué es lo que uno quiere.

Si no sabes lo que quieres comprar, puedes tener por seguro que el vendedor sabe lo que te quiere vender. Y tú eres el que pierde.

Otro consejo:

Compra o busca en una biblioteca pública el *Kelley Blue Book Auto Market Report: Official Guide*.

Este es el libro más usado por los vendedores de autos en Estados Unidos. Pero cuidado: el libro te dará el precio sugerido de venta al público. El hecho de que sea el precio sugerido de venta al público no quiere decir que ese es justamente el precio que el vehículo se vende al público.

El precio que debes ofrecerle al vendedor de autos debe estar entre el precio de venta mayorista (*wholesale*, en inglés) y el de venta al público (*retail*).

Uno debería hacer un cálculo como este:

Precio de venta al mayorista
(sumar)
Precio de los adicionales
(levantavidrios eléctrico, transmisión automática, etc.)
(sumar)
Ajuste por kilometraje
(sumar o restar)
5-10% de todo este valor como ganancia del vendedor

Resultado: precio de oferta al concesionario

Recuerda que tu oferta debe ser razonable. Una oferta demasiado baja o irreal te hará perder credibilidad en el proceso de negociación.

Entonces, ahora que sabes la marca y el modelo de vehículo que necesitas y que sabes cuál será tu oferta inicial, estamos listos para avanzar a la parte más emocionante de esta aventura: ¡localizar el vehículo y comprarlo!

1. ¿Cuánto dinero tengo?
2. ¿Qué tan bueno es mi crédito?
3. ¿Puedo asegurarme un préstamo?
4. ¿Qué tipo de vehículo?
5. ¡Pescar y comprar!

5. Buscar un auto y comprarlo.

Esta es, probablemente, la parte más interesante de todo el proceso. Aprenderás mucho sobre el comportamiento humano.

Si seguiste los pasos que te mostré, entonces estamos listos para la batalla: sabes exactamente el tipo de vehículo que quieres, sabes cuánto es el máximo que puedes pagar, ya tienes un préstamo preaprobado y sabes cuánto le vas a ofrecer al vendedor por ese vehículo inicialmente.

Aquí van las reglas de juego y los secretos más importantes para que salgas de ese enfrentamiento como un comprador inteligente:

Regla número 1: *no vas a hacer amigos, vas a hacer un negocio.* Entra al concesionario de automóviles sin la intención de ser amigable. Uno debe mostrar respeto en todo momento, pero no seas amigable.

Los vendedores de autos generalmente tienen una personalidad del tipo «I» (Influyentes o Sanguíneos), que tienden naturalmente a influenciar a otros a través de las relaciones interpersonales. Son generalmente amigables y cálidos.

Tú debes ser exactamente lo contrario. Esa frialdad respetuosa llevará al vendedor (nuevamente, por las tendencias naturales de su personalidad) a tratar de «restaurar» la relación y a estar mucho más dispuesto a ceder en las negociaciones. Créeme: funciona.

Regla número 2: *debes saber qué es lo que quieres.* Es importantísimo que sepas lo que quieres al llegar a hacer la compra. Dile al vendedor: «Estoy buscando un Ford Escort del 2010 con unos 45.000 kilómetros». Si no lo tiene, márchate inmediatamente. Una de las tácticas de los vendedores se llama Bite and switch (carnada y cambio). Normalmente lo que el vendedor lanza es la carnada y luego te la cambia por lo que te quiere vender. Por ejemplo, te dice lo siguiente:

«Lamentablemente no tengo un Ford Escort del 2010... pero tengo un modelo parecido. Es un Honda Civic». La idea es cambiarte tu punto de referencia para que ya no sepas cuánto cuestan las cosas y pierdas el control de la negociación. No caigas en la trampa. Simplemente sal y busca por otro lado.

En estos últimos años es mucho más fácil encontrar exactamente la marca y el modelo que quieres si tienes un poco de paciencia. Busca en Internet, compra los diarios regularmente, visita en persona los concesionarios. Existe una razón por la que elegiste el modelo y el auto que elegiste... y te tomó horas de investigación... ¡No las eches a perder ni eches a perder todo tu trabajo!

Regla número 3 (especialmente en Estados Unidos): *cuando encuentres el vehículo, pide que te lo presten por veinticuatro horas*. Entra al negocio y dile al vendedor que tienes un serio interés en comprar tal o cual vehículo. Dile que te gustaría hacerle una buena inspección y que, para eso, te gustaría llevártelo por veinticuatro horas. Puedes dejar tu propio vehículo en el negocio, te pedirán tu licencia de conductor y tendrás que llenar un sencillo formulario.

Mi esposa y yo nos sorprendimos tremendamente cuando hicimos ese pedido por primera vez y vimos lo bien dispuesto que estaba el vendedor de permitirnos llevar el vehículo a casa.

Cuando te lleves el vehículo, manéjalo en las calles de la ciudad y en alguna autopista. Si te satisface el andar, continúa con el siguiente paso.

Regla número 4: *lleva el vehículo a que te lo inspeccione un profesional*. Invierte un poco de dinero y permite que un mecánico profesional revise el vehículo y te dé un informe completo del estado del mismo. Evalúa el resultado de la inspección y, si estás dispuesto a comprar el vehículo, identifica arreglos que se le tengan que hacer. Esto puede ayudarte a bajar el precio del vehículo.

Regla número 5: *contacta a tu agente de seguros*. Cuéntale qué es lo que estás haciendo y pídele la información necesaria como para cubrir con tu seguro actual al nuevo vehículo.

Regla número 6: *vuelve al negocio al siguiente día y comienza a negociar vendiendo al mejor precio tu auto usado*. Si vas a entregar un auto usado como parte de pago por el nuevo vehículo, mantén esas dos negociaciones completamente separadas. Primero, indícale al vendedor que estás interesado en obtener el mejor precio por tu auto usado. Llega a un acuerdo por el precio y, luego, métete de lleno a negociar el auto más nuevo.

Comience la negociación con los siguientes pasos:

a) Coloca tu chequera (o la de tus padres) sobre el escritorio del vendedor, o una pluma, tu tarjeta de débito, o cualquier símbolo de que estás listo/a para realizar la operación.

b) Dile algo así como: «La verdad es que el vehículo me gusta y seriamente quiero comprarlo. Ahora, todo depende de usted». Los vendedores no están acostumbrados a escuchar cosas como estas. Generalmente tienen que pelear para que el cliente les diga que quiere comprar un auto. Pero ahora tú estás poniendo la presión del otro lado de la cancha. No es raro que el vendedor se vea sorprendido, titubee o no sepa qué decir.

c) Toma el papel en el que estuviste haciendo tus cálculos y muéstraselo al vendedor. Dile: «Usted compró este auto aproximadamente en $_____, le voy a sumar $_____ por los extras que trae, además le sumaré (o restaré) $_____ por los kilómetros que tiene y también un xx% de su comisión porque sé que tiene que alimentar a sus hijos. Entonces el precio que le ofrezco es $_____».

Este debe ser un precio más bajo del máximo que uno está dispuesto a ofrecer. Siempre hay tiempo para subir la oferta más adelante.

Por supuesto, el vendedor te hará notar que el precio que ellos están pidiendo por el auto es varios miles de dólares más de lo que tú ofreces. No te preocupes. Dile lo siguiente al vendedor: «Le recuerdo que lo que usted pide por el vehículo es irrelevante. Lo relevante es la cantidad de dinero que yo estoy dispuesto a pagar por él». Recuerda que el precio de cualquier bien no lo pone el vendedor, sino el comprador. Es el *mercado* el que determina el precio de las cosas, no el productor ni el vendedor. Si el precio que se pide es demasiado alto para el mercado, el producto no se vende.

d) Mantente respetuosamente frío/a. Ten siempre presente la disposición de salir de la oficina del vendedor y abandonar la negociación en cualquier momento. Si hiciste tu tarea como se debe y tu oferta es razonable, eventualmente el negocio se hará... Y si no, no te conviene hacerlo.

e) Escucha con atención y mantente firme. No te entusiasmes con el vehículo antes de comprarlo... ¡no lo hagas!

f) Si hay arreglos que se le deben hacer al vehículo pide que le descuenten esos arreglos del precio.

g) Si el vendedor va en búsqueda de su supervisor o su gerente, esta es otra táctica de venta: traerte a alguien que tenga la imagen de autoridad para poder decirte que no bajarán más el precio. Ni bien el vendedor salga de la oficina en búsqueda de su supervisor, sal a la puerta de la oficina. Esa actitud te pondrá nuevamente en control de la situación porque demostrará que no estás emocionalmente involucrado con la compra y que uno está dispuesto a irse.

Hay dos frases que deberías guardar para los momentos clave de la negociación. Una es para el momento en el que crees que el vendedor te ha hecho un pequeño descuento, pero que puede ir más allá. Seguramente él (ella) te preguntará: «¿Qué le parece?». A lo que tú debes responder: «Me parece muy bueno... Realmente... *Pero muy bueno no es suficiente cuando excelente es lo que se espera...* ¡y yo estoy esperando algo *excelente* de usted! Este descuento no es suficiente ni para empezar».

La otra frase es solo para el momento culminante de la negociación. Dile al vendedor: «Ya le dije muy seriamente que quiero comprar este vehículo... ¿Por qué se está convirtiendo en una *piedra de tropiezo*?». Eso probablemente sacudirá al vendedor, porque ellos siempre tienen que luchar para vender los autos y ahora tú le estás diciendo que él mismo se ha convertido ¡en una piedra de tropiezo para hacer la venta!

Sé honrado y honesto. Una vez que han llegado a un número lo suficientemente cercano a lo que esperabas pagar, cierra el trato con un apretón de manos.

Si no, levántate, saluda cordialmente y vete de allí.

Regla número 7: *asegúrate de saber qué garantías extras realmente te conviene comprar.* Muchas veces allí está la ganancia del negociante, en las garantías y seguros. Debes evaluar muy bien la situación. En lo personal, nunca compro esos productos extras. Me parecen demasiado caros. Sin embargo, eres tú quien debe decidir qué necesitas, de acuerdo con tu situación particular.

Regla número 8: *negocia los intereses con firmeza.* Luego de que has llegado a un acuerdo con el vendedor por el precio del vehículo, generalmente te llevarán a otra oficina, con un «especialista» en asuntos de préstamos. Ese no es un especialista, es otro vendedor.

Aquí hay algo importante para recordar: si después de todo el trabajo que el vendedor y el gerente tuvieron que hacer para venderte el vehículo la venta se deshace en las manos del vendedor de préstamos, ¡él tendrá un par de enemigos con los que intentar hacer la paz durante las próximas semanas!

Este vendedor está bajo la presión de venderte un préstamo al mayor interés posible, sin que se le caiga la venta. Haz lo siguiente:

a) Escucha con atención.
b) Contesta todas las preguntas con respetuosa frialdad.
c) Cuando el vendedor te ofrezca el préstamo para realizar la compra del vehículo, si esa oferta es menos conveniente que la que ya tienes pre aprobada, simplemente dile al vendedor: «Mi banco XX me ha preaprobado para un préstamo por $_____ por _____ años con un interés del _____%. Si usted puede hacer lo mismo que mi banco, le compro el préstamo a usted. Si no, pagaré el vehículo con el préstamo de mi banco».
d) Fin de la negociación por los intereses.

Esa es la ventaja de llegar preparado para la batalla.

Regla número 9: *lee muy bien lo que firmas.* La razón por la que te hacen firmar la cantidad de papeles que te hacen firmar, es porque esos papeles te obligan a hacer ciertas cosas y no te permiten hacer ciertas otras. Asegúrate de que todo lo que está escrito refleja exactamente los arreglos a los que has llegado. Más adelante será demasiado tarde para arrepentirse o tratar de cambiar las condiciones de un contrato firmado.

Hay diferentes maneras en las que los vendedores de autos hacen dinero:
a) El precio de venta al público
b) El reembolso de fábrica del tres por ciento que reciben por la venta de autos nuevos
c) El comprar los autos viejos por precios más bajos que su valor real
d) El inflar las tasas de interés del préstamo del auto
e) El vender extras que se suman al precio de venta al público
f) La opción de la «garantía extendida»
g) Sumar los famosos –o infames– «cargos de documentación» (*DOC fees*)[9]

No te dejes engañar. Presta atención, especialmente, a los cargos de documentación. Cada vez son más populares y más costosos.

El arriendo, alquiler con opción a compra o *lease*

El arriendo o alquiler con opción a compra (llamado en inglés *lease*) se está convirtiendo en una opción popular en nuestro continente. Cada vez recibo más preguntas respecto de esta opción para hacernos de un medio de transporte.

En realidad, esta opción tiene sus pros y sus contras. Es importante que evalúes tus necesidades y tu situación particular antes de tomar una decisión en una dirección u otra.

Personalmente no conozco mucha gente que haya hecho un mejor negocio arrendando que comprando, pero, como veremos a continuación, el asunto de arriendo no pasa mucho por las necesidades del individuo y sí por sus deseos.

Visitando varios lugares en Internet, descubrí alguna información interesante en un sitio llamado Edmunds.com. Decidí traducir algo del material y sumar algunas ideas personales para ayudarte en el proceso de decisión.

Consideraciones a favor. Uno debería considerar un *lease* si...
- Cambia su auto por uno nuevo regularmente cada dos o tres años.
- Necesita un auto de lujo para su negocio.
- Espera que el auto se vea en muy buenas condiciones al final del contrato.
- No espera manejar su vehículo más de las millas o kilómetros permitidos.
- Se ha resignado a pagar una cuota del auto por el resto de su vida.
- No tiene mucho dinero para el «enganche» o anticipo.
- Quiere poder manejar un mejor auto con menos pago mensual.
- Quiere ahorrar dinero en impuestos (en el arriendo solo paga impuestos por el alquiler mensual del vehículo, en la compra paga por el precio total del auto).
- No quiere tener que preocuparse por la manutención y reparaciones del auto.
- No quiere tener que pasar por los problemas de vender un auto usado.

Consideraciones en contra. Las desventajas de un arriendo son:
- Uno no es el dueño del auto.
- Tiene restricciones respecto de la cantidad de millas o kilómetros que puede recorrer con el vehículo (normalmente, entre diez mil y quince mil millas por año). Los pagos por exceso de millaje o kilometraje son bastante altos (quince a veinticinco centavos de dólar por milla).
- Los contratos de arriendo son complejos y confusos. Se te hará difícil saber si estás haciendo un buen negocio o no.
- El alquiler o *lease* es más caro a largo plazo que la compra (si piensas quedarte con el vehículo por más de tres años, te conviene comprar).
- Los cargos adicionales por el desgaste del vehículo pueden ascender a sumas importantes.
- Es muy difícil salirse del contrato si tus necesidades cambian a mitad de camino y entras en una crisis.[10]

Si tomas el auto en arriendo, cerciórate de tener un buen seguro que te cubra no solo el valor de reemplazo del vehículo en caso de robo o destrucción total, sino que también te pueda cubrir la diferencia entre el valor del mercado del vehículo y el costo total del arriendo.

Finalmente, una vez que hayas comprado inteligentemente tu vehículo, tengo un consejo más para darte: ¡disfrútalo!

f 🐦 BÚSCAME EN FACEBOOK Y TWITTER: AGPANASIUK

PARA HABLAR CON TUS AMIGOS:

1. ¿Tienes algún familiar o amigo que piensa comprarse un auto? Compárteles el contenido de este capítulo y ayúdales a comprar su auto inteligentemente. Desarrolla una lista de temas e ideas que puedes compartir con gente que piensa comprarse un medio de transporte:

_____

_____

_____

_____

_____

_____

_____

_____

_____

_____

2. Vuelve a ver las ideas que remarcaste, quizás algo que subrayaste o que escribiste en el margen, en el capítulo que acabas de terminar de leer. Búscame en Facebook y coloca allí las cosas que te llamaron más la atención. Mi Facebook y Twitter son iguales: **agpanasiuk.**

_____

_____

_____

_____

_____

_____

_____

_____

_____

3. ¿Te atreverías a armar un pequeño taller de una hora de duración con la información que te acabo de compartir? Deberás armar una presentación, un cuaderno de trabajo para los participantes, los formularios y tu libreto. Desarrolla un bosquejo de la presentación aquí:

Introducción (cuenta una historia o comparte algunas estadísticas para atraer la atención de la gente).

_____

_____

_____

Puntos principales:

_____

_____

_____

_____

_____

_____

_____

_____

_____

_____

_____

_____

_____

_____

_____

_____

_____

Conclusión (termina tu presentación de una manera memorable):

_____

_____

_____

_____

_____

AMA LA
Libertad

...*el que toma prestado es siervo del que presta.*
········· REY SALOMÓN[1] ·········

········· Cap 7 ·········

¿POR QUÉ LA GENTE SE METE EN PROBLEMAS DE DINERO?

Los problemas de deudas están trayendo niveles altísimos de dolor y estrés a los individuos y parejas del continente. Lo increíble es que, en la mayoría de los casos, el profundo endeudamiento es algo que se puede evitar. Tú no tienes que pasar por el mismo dolor que han pasado tus padres o que pasarán muchos de tus amigos y amigas.

Recuerdo que cuando los materiales escritos por el doctor Larry Burkett nos encontraron a mi esposa y a mí en Chicago, nosotros estábamos en más de sesenta y cinco mil dólares de deudas ¡después de tres años de casados! Yo tenía unos veintiocho años y mi esposa veintitrés. Nunca más deseo pasar por ese dolor para salir de deudas y, sinceramente, no te lo deseo a ti.

Si me haces caso, como ya lo han hecho miles de jóvenes del continente, nunca estarás en esos apuros. Nunca conocerás el dolor de la esclavitud. Exploremos juntos este tema. Primero, la razón por la que la gente cae en deudas.

Muchas veces he encontrado que la razón por la que la gente ha caído en deudas es porque se ha «estirado» económicamente más allá de lo que debía. Por ejemplo, ha comprado o alquilado una casa más grande de la que tenía que haber comprado, o un auto más caro del que tenía que haber adquirido, o ha hecho un negocio en el que no se tendría que haber involucrado...

Al principio, el individuo no sufre las consecuencias de estar gastando más de lo que debiera porque hay gastos que no ocurren todos los meses. Por ejemplo, el auto no se rompe todos los meses, la casa no tiene problemas todos los meses, la familia no se enferma todos los meses, las emergencias no vienen a nuestra vida todos los meses.

La gente generalmente me dice: «Andrés, caímos en deudas porque nos vino una situación inesperada». Y yo pienso: *lo inesperado no sería tan inesperado, ¡si lo estuvieras esperando!*

Las cosas «inesperadas» van a venir a nuestra vida. Espéralas. Somos seres humanos, crecemos, vivimos, nos movemos; las cosas inesperadas nos van a ocurrir. Entonces, existe una sola forma de prepararnos para lo inesperado: ahorrando con regularidad.

A partir de hoy debes tomar aunque sea el cinco por ciento de tu DD y colocarlo aparte para situaciones inesperadas. Como lo dijimos antes: debes crear un *fondo de emergencia*. Tu meta es lograr tener, en efectivo, ya sea en una cuenta de banco o debajo del colchón, por lo menos de dos a tres meses de salario. Por ejemplo, si ganas ochocientos dólares al mes, tu meta debería ser tener entre mil seiscientos y dos mil cuatrocientos en dinero en efectivo como un fondo de prevención para situaciones inesperadas.

Por supuesto que existen excepciones a la regla, pero en general, si estamos comprando de «fiado», si hemos caído en las manos de prestamistas o bajo la opresión de las tarjetas de crédito es que, por un lado, no estamos ahorrando con regularidad, y por el otro, estamos teniendo cosas que no deberíamos tener de acuerdo al nivel económico al cual pertenecemos (tomando en cuenta nuestro DD).

Recuerda: tú no puedes tener en tres años lo que a tus padres les tomó treinta acumular.

¿Cómo evitar problemas con las deudas en tarjetas de crédito?[2]

¿Cómo se conjuga el verbo «tarjetear»? Se conjuga: «Yo debo, tú debes, él debe...».

El uso de las tarjetas de crédito se está convirtiendo en un verdadero dolor de cabeza. Las deudas y tarjetas se acumulan; y, juntamente con ellas, tensiones familiares y personales.

La deuda total de los consumidores norteamericanos ha llegado a un poco más de 11 billones, trescientos ochenta mil millones de dólares («*eleven trillion*» en inglés).[3] Más de 8 billones en hipotecas y el resto en deudas de consumo (deudas obtenidas por cosas que pierden valor a través del tiempo, como la tele, la compu, un auto o cosas por el estilo).

Para darte una idea de la seriedad de las deudas que tienen los ciudadanos en la unión americana, suponte que colocáramos billetes de cien dólares, uno encima del otro. Si acumuláramos un billón de dólares solamente (¡no once!)... con un billón de dólares haríamos una columna de casi ¡mil doscientos setenta kilómetros de alto! (unas 789 millas). Serían unos 144 Montes Everest,[4] uno encima del otro... ¡y eso es con UNO!

Con lo importante que es el consumo interno para la economía norteamericana, no es de sorprenderse que le tome tanto trabajo salir de la crisis en la que se encuentra el país.

¿Y cómo andamos los latinos? No mucho mejor que los «gringos». El crédito fácil ha sido un veneno para muchas de nuestras familias. Por un lado, porque muchos de nosotros crecimos en un pasado donde tener crédito era solo una cosa de ricos y, entonces, nunca aprendimos a manejarlo. Por el otro, las oficinas de mercadeo en estos días promueven la idea de «compre ahora y pague después»: una filosofía de consumo peligrosa. Así que, antes de «tarjetear» toma en cuenta estos principios económicos para no tener jamás problemas con el uso de tu crédito:

1. Consíguete una tarjeta de débito y úsala como si fuera dinero en efectivo: la mayoría de los bancos respetables el día de hoy tienen tarjetas de débito asociadas a las cuentas de cheques. Estas tarjetas funcionan en los comercios de la misma manera que las de crédito. En realidad, a veces es difícil saber la diferencia. Cuando empiezas a trabajar, abre inmediatamente una cuenta de ahorro o una cuenta de cheques que te permita tener una de estas tarjetas.

De ese momento en adelante, puedes llevar mucho menos dinero en efectivo encima, reducir el peligro de que te roben todo tu salario en la calle y comprar con la tarjeta de débito de la misma manera que lo harías con una de crédito. La ventaja: cuando se acabó tu dinero en la cuenta, también se acabó la posibilidad de que sigas gastando.

El doctor Art Markman dice en un artículo para el sitio web Psychology Today que uno realmente gasta más con la tarjeta de débito o crédito que usando dinero en efectivo solamente.[5] Esa ha sido mi experiencia también. Tiene que ver con la forma diferente en la que experimentamos el partir con dinero contante y sonante o firmar un papelito que dice que tenemos un compromiso pagadero en cuarenta y cinco días. Usa efectivo lo más que puedas. Si no, usa una tarjeta de débito.

Sin embargo, hay veces en las que conviene usar una tarjeta de crédito. Por ejemplo, cuando reservamos una habitación de hotel o hacemos una reserva para rentar un auto. Muchos hoteles, cuando uno recién entra, le toman la tarjeta para hacer una «reserva» de dinero por los gastos que uno tendrá durante la estadía.

Si usas una tarjeta de débito, eso puede bloquear una buena cantidad de dinero de tu cuenta de cheques. Lo que yo hago, es que coloco mi tarjeta de crédito cuando llego al hotel y, al final de mi estadía, la cambio por mi tarjeta de débito para pagar en efectivo por mis gastos reales. Debes tener mucho cuidado al usar la tarjeta de crédito. A continuación te doy otros buenos consejos que me han sido útiles a lo largo de la vida.

2. Nunca compres algo con la tarjeta que no esté en tu plan: cuando te encuentres frente a la posibilidad de una compra, considera si lo que vas a comprar está dentro de tu plan. Si no está dentro del plan económico que has hecho, da media vuelta y márchate. El único problema que este principio trae asociado es que muestra una realidad en nuestras vidas como latinoamericanos: ¡primero debemos aprender a ordenarnos!

Nunca desvistas a un santo para vestir a otro. Si estás comprando comida, ropa y otras necesidades básicas de tu familia a crédito, es que te has gastado primero ese dinero en algún otro lado. Pregúntate: ¿por qué no tenemos el dinero disponible?

3. Comprométete a pagar cada mes el ciento por ciento del balance: haz ese compromiso hoy mismo. Prométete que cuando llegue el fin del mes, pagarás siempre todo lo que cargaste en la tarjeta durante el mes y, de esa manera, nunca pagarás intereses.

El día de hoy, con el alto interés que están cobrando las tarjetas y lo pequeño que es muchas veces el pago mínimo, si uno hace solamente ese pago no saldrá fácilmente de su esclavitud económica. Aun más, en algunos casos específicos, si uno hace el pago mínimo que indica la tarjeta, en realidad no solo no avanzarás en la reducción de tu deuda, sino que ¡te continuarás hundiendo!

4. Comprométete a no usar más tu tarjeta de crédito: si uno ha hecho el compromiso de pagar cada mes todo lo que coloca en la tarjeta de crédito y, de pronto, hay un mes en el que no puede cumplir con su promesa, entonces uno debe aplicar este tercer principio que es, en realidad, una buena forma de practicar nuestras habilidades como chef... Esta es una receta de cocina que me pasaron hace algún tiempo atrás:

a) Calienta el horno a fuego mediano hasta llegar a los 170° C (350° F).
b) Prepara una bandeja para pizza y úntala con aceite o manteca.
c) Coloca tus tarjetas en la bandeja y la bandeja en el horno por quince minutos.
d) Llama a la compañía y le dices que cuando caduque la tarjeta no quieres que te manden ningún reemplazo.

No te sientas mal. Eso no quiere decir que uno es un inútil porque las tarjetas no son para uno. Lo que ocurre es que hay ciertos tipos de personalidad que manejan mejor los conceptos y las ideas concretas. Esas personas (entre ellos tengo algunos amigos míos muy cercanos) no deben manejar un concepto abstracto como el concepto del crédito. «Tarjetear» no es para ti. Maneja dinero en efectivo.

Si cumples en tu vida financiera estos tres simples principios económicos nunca tendrás problemas con este tipo de deudas y, ¡desde ahora podrás comenzar a conjugar el verbo «tarjetear» de una manera diferente!

¿Cuáles son algunas pautas, normas o reglas para pedir prestado?

1. El pedir prestado no es un «pecado»: si fuera pecado, Dios nunca le hubiese permitido al pueblo de Israel el prestarse los unos a los otros. Cuando él era Ministro de Economía de su pueblo, les dio permiso para que se prestaran mutuamente, aunque al mismo tiempo, les dio claros lineamientos sobre el tema.[6]

2. A través del tiempo, las culturas y la Palabra de Dios, siempre asocian a las deudas con una idea negativa y no recomendable.

Por regla general, mientras debas dinero a alguien, te conviertes en esclavo de esa persona o institución. Siempre es mejor estar en la posición de dar que de recibir. El que pide prestado está generando una dinámica muy peligrosa en la que si no es cauteloso y disciplinado en devolver lo que debe, puede permanecer en esta situación por años, terminar pagando hasta diez veces lo que tomó prestado, y haberse privado él y los suyos de muchos beneficios que le hubiera otorgado el haber estado en control de sus finanzas.

Obviamente, no está prohibido pedir prestado, pero se presenta como algo indeseable y que uno debería hacer solo en casos extremos, no como en nuestros días, que el crédito se ha convertido en un integrante más de nuestra planificación financiera.

3. El pedir prestado debe ser un compromiso a corto plazo: no es así con los bancos el día de hoy. Muchos bancos y compañías de crédito (especialmente en Estados Unidos y Puerto Rico) están prestando dinero a gente que jamás debería recibir un préstamo. En estos años los norteamericanos están recibiendo en sus hogares ¡más de *dos mil millones de ofertas de tarjetas de crédito*!

Los prestamistas están flexibilizando las reglas para prestar dinero porque yo creo que el negocio de ellos es tener a la gente pagando intereses y no pagando sus deudas. Es por eso que la gente hoy en día se está endeudando por mucho más de siete años. En Chicago, por ejemplo, me he encontrado con hipotecas de hasta cuarenta años y en el Japón ahora las hipotecas se hacen hasta por ¡dos generaciones!

Nosotros, entonces, deberíamos tratar de pagar nuestras deudas lo antes posible.

4. Lo que se pide prestado se debe devolver: lo que se pide, se paga. Si tú te comprometiste con alguien a pagarle algún dinero, tú diste tu palabra, no importa que hayas firmado un papel o no. Tu palabra representa tu honor, tu carácter, tu «ser».

Esa es la razón por la que el concepto de la quiebra sin restitución del capital no debería existir en nuestras mentes. Solo en un caso extremo (y como último recurso), es justo usar un recurso legal de amparo como lo es la bancarrota para protegerse del asedio de acreedores agresivos.

Sin embargo, creo que es inmoral la transferencia de bienes para evitar pagar deudas y cada una de las deudas adquiridas, eventualmente se deberían pagar... aunque nos tome el resto de la vida hacerlo.

Leí hace unos días en Internet que el carácter de una persona no se forja en los momentos difíciles de la vida; en esos momentos, solo sale a relucir. Entonces, no importa lo que diga la ley del país. La moral nos dice que nuestro «sí» debe ser «sí» y nuestro «no», debe ser «no»;[7] y que es mejor no hacer una promesa, que hacerla y no cumplirla.[8]

5. Solo deberíamos pedir prestado bajo el principio del compromiso garantizado; el principio del compromiso garantizado (PCG) dice que «uno no debe hacer un compromiso económico a menos que tenga la certeza absoluta de que lo puede pagar». El problema con las deudas no se encuentra en adquirirlas, se encuentra en la manera en la que nos metemos en ellas. A veces, somos casi suicidas por la forma en la que estructuramos nuestros préstamos...

Cuando uno entra en una deuda, lo primero que se debe preguntar es: «¿Cómo salgo?». La primera cosa que uno debe hacer al tomar una deuda es «dibujarse» una salida.

Entonces, cuando tomamos un préstamo, cualquiera que sea el motivo, lo primero que debemos pensar es: «¿Cómo salgo de esto en caso de emergencia?». Debemos manejar nuestras finanzas de la misma manera en la que deberíamos manejar nuestro automóvil: siempre pensando hacia dónde maniobrar en caso de accidente.

6. Nunca deberíamos caer en la presunción del futuro: la regla de presunción del futuro dice que uno «nunca debería hacer un compromiso presente basado *solamente* en ganancias futuras». Esta regla ya la vimos anteriormente, pero la coloco aquí porque es un concepto muy importante que se debe tener en cuenta antes de tomar un compromiso económico.

El futuro no nos pertenece y, por lo tanto, cada vez que tomamos un compromiso económico debemos hacerlo invirtiendo una mezcla de ganancias pasadas (colocando un anticipo, o enganche suficientemente grande), y asegurándonos de que siempre podemos salir, de una manera u otra, del compromiso adquirido sin quedar atrapados en una deuda.

f ♥ BÚSCAME EN FACEBOOK Y TWITTER: AGPANASIUK

PARA HABLAR CON TUS AMIGOS:

1. ¿Le debes dinero a alguien?... ¿Alguno de tus amigos tiene problemas con dinero que debe a otras personas, a la escuela, las tarjetas o cosas por el estilo? Ayúdale a llenar el siguiente formulario:

Análisis de deudas					
Nombre de la deuda	Contacto y número de teléfono	Cantidad que todavía debo	Cuota o pago mensual	Nombre de la deuda	Notas

Baja este formulario del área de Recursos de nuestro sitio web:
http://www.culturafinanciera.org/category/formularios/.

Luego, ayúdale a organizar un plan de pagos, pagando la deuda más pequeña primero y asignando el pago de esa deuda a la siguiente cuando termine de pagarla. Eso se llama «efecto bola de nieve» y puedes ver cómo lo explico en

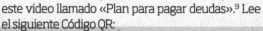

este video llamado «Plan para pagar deudas».[9] Lee el siguiente Código QR:

También puedes encontrar un enlace a este video en la página del Instituto para la Cultura Financiera:
www.CulturaFinanciera.org/EsperanzaDeFuturo.

2. Si lees un poco de inglés, puedes descargar de Internet algunas de las siguientes aplicaciones que utilizan al principio del «efecto bola de nieve» para reducir deudas. Con este mismo sistema, nosotros hemos ayudado a personas a salir de miles de dólares de deudas... ¡y de millones de dólares también! Una se llama «Debt Tracker»[10] y lo produce una compañía llamada Blue Tags. La otra, «Debt Free»[11] desarrollada por Mobile Innovations y «Debt Snowball +», de 30 South LLC. Para los que tienen un sistema Android, existe una app llamada «Debt Planner & Calculator» de Kicking Lettuce Studios,[12] y otra llamada «Debt Payoff Planner» de Adonis Apps.[13] Nosotros no tenemos ninguna relación con estas empre-

Debt Tracker   Debt Free   Debt Snowball

Debt Planner & Calculator   Debt Payoff Planner

sas, pero después de mirar varias alternativas, estas son las que más me gustan.

3. Si no tienes un iPhone o uno que use el software de Android, puedes bajar este archivo en Excel® creado por Vertex42,[14] un sitio dedicado a la creación de plantillas en Excel. Se llama Calculadora para Eliminación de Deudas. Nosotros tenemos este archivo en nuestro sitio web: **http://www.culturafinanciera.org/category/formularios.**

El amor
ES CIEGO...
¡Y POBRE!

Cap 8

UNA AYUDA PARA LOS QUE ESTÁN PENSANDO EN CASARSE

Gabriela y Juan Carlos están profundamente enamorados. Tan enamorados están, que llegaron hasta el borde del precipicio y, estando al borde del abismo, han decidido dar un paso al frente: ¡casarse!

Ahora que puedo mirar hacia atrás con perspectiva (y con muchos años de experiencia en el tema), pienso que si pudiese volver a esos días de 1988 en los que mi esposa y yo decidimos casarnos, quizás haría algunas cosas muy diferente.

Si me lo permites, me gustaría darte algunos consejos que te pueden ayudar muchísimo a comenzar tu vida de pareja. Quizás no tengas muchos recursos (como siempre), pero puedes sentar las bases para que tu vida matrimonial disfrute de un elemento esencial a largo plazo: felicidad.

Siete recomendaciones para comenzar «con el pie derecho»:
1. Comienza y vive tu vida matrimonial no debiéndole un peso a nadie: naciste libre, mantente libre. De esa manera, evitarás la fuente de estrés número 1 en el matrimonio: las deudas. Ya hablamos de este asunto, entonces, no voy a volver sobre él. Solamente te voy a insistir en que hagas un compromiso para vivir en libertad.

2. Antes de poner una fecha para el casamiento, trata de armar un plan de control de gastos unificado: eso te mostrará si puedes casarte o no. Mira las entradas que han de tener y los gastos que habrá en la nueva pareja. ¿Pueden realmente vivir con sus entradas?

No sean demasiado positivos. Minimizar el cálculo de gastos y maximizar la proyección de entradas es un error muy común en las parejas jóvenes. Sean honestos.

3. Comprométanse a no quemar la fortuna familiar el día del casamiento: el día de tu casamiento es muy, muy importante, y lo recordarás por el resto de tu vida. Pero no es lo más importante. Ese es un engaño de lo que yo llamo «el síndrome de la Cenicienta», una idea que nos ha estado vendiendo Hollywood desde mediados del siglo veinte. Si recuerdas, todas las historias de amor terminan el día del casamiento de la bella y el «Príncipe Azul». Las historias que nos cuentan cuando niños no hablan de la realidad al otro lado del matrimonio, ese es el clímax de la historia.

De esa manera nos enseñaron a ver el casamiento y la fiesta que le acompaña como la cúspide de la historia de amor.

Sin embargo, después de tantos años de consejería matrimonial y de trabajar con miles de parejas alrededor del mundo, me he dado cuenta de que eso de que la noche de tu boda es la más importante de tu vida es una farsa. Piensa, si la noche de tu boda es el «pico», el «punto más alto» de tu vida, ¿qué hay del otro lado?... ¡Solo barranca abajo!

Créeme, tendrás otros días y noches mucho más importantes que la noche de tu casamiento. Tendrás viajes mucho más sofisticados que los de tu luna de miel. Te vestirás con vestidos mucho más caros que el de tu traje de novia... ¡Claro que tendrás experiencias mejores!

La noche de tu boda es muy, muy especial. Pero, a decir verdad, si no tienes otras experiencias tan o más especiales que esa, ¡tu vida será aburridísima!

Piensa: ¿qué es lo realmente importante? ¿Qué es lo que queremos lograr con la celebración de nuestro casamiento? ¿Cómo podemos lograr nuestras metas con la mínima inversión? ¡Sean creativos!

Piensa en qué es lo importante para tu luna de miel. No necesitas gastar una fortuna para tener una hermosa luna de miel. Hay gente que gasta miles de dólares solo por la oportunidad de visitar tu país. Lo que pasa es que cuando uno vive en lugares como Cancún, Miami, Orlando, San Juan, Puerto Plata, Punta del Este o Mar del Plata no se da cuenta de que personas de todo el mundo pagan fortunas para pasarse un par de semanitas en nuestra propia ciudad.

Cada uno de nuestros países tiene lugares como esos, ¿no? Elije un lugar bueno, bonito y barato donde te puedas pasar una luna de miel de *primera clase* sin que te cueste lo que le cuesta a los extranjeros.

Entonces, coloca las cosas en perspectiva, y no te dejes engañar por el «síndrome de la Cenicienta». Establece claramente cuáles son tus metas para el día de tu casamiento y, luego, busca la manera más creativa y menos costosa de hacerlo. Guárdate el resto del dinero.

No digo que no tengas que gastar dinero para tu boda. Por supuesto que gastarás algo. Pero el dinero restante que sus parientes cercanos iban a gastar en su boda, se lo pueden dar a ustedes en efectivo para formar tu primer fondo de emergencia, créeme: ¡lo necesitarás!

Sean creativos, diviértanse como locos, tengan a la gente que más aman cerca suyo ese día, tengan un tiempo de compañerismo íntimo con las personas más cercanas a su pareja y disfruten de algunos días en pareja en algún lugar apartado para su luna de miel. Pero recuerda, lo más importante de tu vida comienza una vez que vuelves a casa.

4. Traten de comenzar a vivir el presupuesto familiar dos meses antes del casamiento: eso les permitirá cometer algunos errores y ajustarse a una vida económica unificada. Usen los apps o el software que les he recomendado en este libro y visiten nuestro sitio de **www.CulturaFinanciera.org** para prepararse mejor. Hagan el plan en pareja.

5. Un mes antes del casamiento, abran dos nuevas cuentas de banco, una de cheques y una de ahorro: comiencen a colocar en esas cuentas de banco todo el dinero que reciben.

No cierres las cuentas anteriores. La razón es que quizás la nueva cuenta de cheques y la de ahorro tengan que ser abiertas a nombre del varón hasta que, después del casamiento, cuando la joven cambie su apellido, si esa es la costumbre en tu país, pueda sumar su nombre a las nuevas cuentas con su nuevo apellido (y así evitar dolores de cabeza). Averigua cómo funcionan las cosas en el lugar donde vives.

6. Una vez que vuelven de la luna de miel, unifiquen completamente su vida económica: eso significa unificar las cuentas bancarias, las cuentas de ahorro a corto y largo plazo, los planes de retiro, los beneficiarios de los seguros, los contactos en caso de emergencia y todo el resto de la vida económica de la nueva familia. Recuerda, ahora los dos son UNO y deben funcionar de esa manera.

7. Abre canales de comunicación sobre el tema de las finanzas: aprende a comunicarte regularmente con tu pareja sobre temas financieros. Hagan juntos el ejercicio que les recomiendo en la sección de «Chat» y reúnanse para evaluar la vida económica con regularidad.

Todos los años deberían tomar un día completo de «vacaciones», sin niños, para hacer una evaluación a fondo de qué es lo que ocurrió el año pasado y hacia dónde van el año por venir. Todos los meses deben tomar toda una tarde, quizás un domingo por la tarde, para evaluar qué es lo que ocurrió el mes anterior y cómo encarar el mes que viene. Finalmente, todas las semanas, deben tomar unas dos o tres horas, quizás el sábado por la mañana, después del desayuno, para darle una buena mirada a la economía familiar: cuáles fueron los problemas que tuvimos la semana pasada y cómo los vamos a arreglar la semana que viene.

- Desarrollen su plan juntos. Luego, divídanse la *implementación* del plan.
- Nunca se escondan compras el uno del otro.
- Nunca escondan dinero el uno del otro.
- Siempre incluye a tu pareja en las decisiones financieras importantes.
- Siempre pide una opinión de tu cónyuge cuando vas a gastar más que una cierta cantidad determinada (por ejemplo, más del equivalente a cien dólares). Eso determínenlo en pareja.

Finalmente, lean juntos el libro *¿Cómo llego a fin de mes?* o, si te gustan las novelas históricas, el de *Diez leyes irrefutables para la destrucción y la restauración económica*. Tomen el curso de finanzas llamado «La aventura de navegar juntos», ofrecido por El Instituto para la Cultura Financiera. Tomen notas, hagan juntos las aplicaciones prácticas y establezcan una sólida filosofía y práctica económica por el resto de sus vidas. Les prometo que, si lo hacen, tendrán una mejor oportunidad de disfrutar de una vida matrimonial realmente feliz.

El dinero no hace la felicidad, pero puede contribuir seriamente a su ruina.

f 🐦 BÚSCAME EN FACEBOOK Y TWITTER: AGPANASIUK

PARA HACER EN PAREJA:

1. Llena el siguiente formulario cuando estén listos para calcular cómo funcionarán económicamente una vez que estén casados. Busquen formularios como este en nuestro sitio web:
http://www.culturafinanciera.org/category/formularios.

INGRESOS/ENTRADAS. Descubriendo el dinero disponible

¿Cuánto traerá a casa el esposo?	$_____	Anoten la cantidad de dinero que realmente se trae al hogar, después de que le dedujeron los impuestos gubernamentales.
¿Cuánto traerá a casa la esposa?	$_____	Lo mismo que el punto anterior.
¿Cuánto ganan con su negocio propio?	$_____	Si trabajan por cuenta propia, calculen cuánto ha entrado en el negocio en los últimos seis a doce meses. Tomen el promedio mensual que se trajo al hogar. No se olviden de deducir los impuestos correspondientes antes de colocar la cantidad.
¿Van a compartir la casa o departamento con otra pareja? ¿Cuánto recibirán de alquiler?	$_____	Escribe el promedio mensual de lo que has traído en los últimos seis meses.
¿Hay alguna otra entrada de dinero? (negocios, ventas, trabajos temporales, etc.)	$_____	Si es esporádica, traten de establecer un promedio mensual. En EE.UU.: les devolverán de sus impuestos, pueden dividir esa cantidad que esperan por doce o pueden no poner nada y guardar esa cantidad en su cuenta de ahorros.
SUMEN TODAS LAS CANTIDADES	$_____	Estas son las entradas de dinero después de haber pagado sus impuestos.
Réstenle a la cantidad anterior los impuestos a las ganancias que todavía no han pagado (si los hay).	$_____	¿Hay algunos otros impuestos que tienes que pagar?
Réstenle a la cantidad anterior sus donaciones	$_____	Recordemos que mejor es dar que recibir... Aprendamos a dar por amor y compasión a Dios y a los demás.
Este es tu DINERO DISPONIBLE (DD).	$_____	Esta es la cantidad de dinero con la que tienen que vivir. ¿Les alcanza?

Veamos ahora los gastos...
EGRESOS/GASTOS. Descubriendo el nivel de gastos...

Automóviles / Transporte			1 Timoteo 5.8
			Coloquen aquí el promedio mensual de todos los gastos de transportación que tengan. No tiene que ser «perfecto», hagan una aproximación.
Gasolina	$_____		
Aceite	$_____		
Impuestos	$_____		
Seguros	$_____		
Reparaciones	$_____		Sus cálculos mejorarán con el paso del tiempo.
Mantenimiento	$_____		
Pagos	$_____		
Trans. público	$_____		Incluyan los boletos de tren y autobús. Si tienen más de un auto, sumen los gastos de los dos y colóquelos juntos.
Otros gastos	$_____		
	$_____		
	$_____		
	$_____		
	$_____		
	$_____		
SUMEN TODO	_____	$_____	Este es el total de sus gastos de transportación.

Casa			Coloquen aquí todos los gastos que calculan que *habrán de tener una vez que se casen.*
Alquiler	$_____		
Hipoteca	$_____		Si los impuestos y el seguro vienen incluidos en el pago de la hipoteca, escriban el pago mensual total que hacen y dejen en blanco los otros renglones.
Impuestos	$_____		
Seguros	$_____		
Luz	$_____		
Gas	$_____		
Teléfono	$_____		
Agua	$_____		
Mantenimiento	$_____		
Cable	$_____		
Proyectos	$_____		
Otros	$_____		
	$_____		
SUMEN TODO	_____	$_____	Este es el total de sus gastos de vivienda.

Comida	➡	$_____	¿Cuánto gastarán en comida?
Cuenta ahorro	➡	$_____	Deben ahorrar, por lo menos, entre el 5 y el 10% de sus ingresos.
Deudas Tarjetas Préstamos Fiado Familiar Educación	$_____ $_____ $_____ $_____ $_____ $_____ $_____ $_____ $_____ $_____		Escríban el pago promedio o el pago mínimo que los dos están realizando mensualmente a todas sus deudas, tanto del uno como del otro.
SUMEN TODO	➡	$_____	Este es el total de pagos mensuales a deudas que tienen juntos.
Recreación	➡	$_____	Incluyan las salidas de paseo, las comidas en los restaurantes y las vacaciones anuales que piensan tomar.
Ropa	➡	$_____	¿Cuánto están gastando mensualmente en vestimenta (los dos juntos)?
Salud Médico Dentista Medicina Seguro Otros	$_____ $_____ $_____ $_____ $_____ $_____ $_____ $_____ $_____		Aquí escríban todos los gastos asociados con el mantenimiento de la salud para ambos. Seguro de salud, gastos médicos, tratamientos especiales, medicinas y dentista.
SUMEN TODO	➡	$_____	Este es el total de gastos de salud que ustedes tienen.
Seguros De vida Otros	$_____ $_____		Todos los seguros, excepto de la casa, del auto y de salud. Esos se incluyen en otros rubros en este formulario.

	$ _____ $ _____		
SUMEN TODO	➡	$ _____	Este es el total de gastos de seguros que tienen.
Gastos Varios Juegos/apps Revistas Suscripciones Cosméticos Peluquería Lavandería Tintorería Almuerzos Cuotas clubes Hobbies Cumpleaños Aniversarios Navidad Ayuda padres Ayuda familia Envíos exterior Otros	$ _____ $ _____		
SUMEN TODO	➡	$ _____	Este es el total de gastos varios, o gastos misceláneos que tienen.
Educación	➡	$ _____	
Cuidado niños	➡	$ _____	
			Aquí hay un par de espacios para categorías especiales.
SUMEN TODOS LOS TOTALES GENERALES	➡	$ _____	Estos son todos los gastos que tienen como pareja.

Ahora calculen:

DINERO DISPONIBLE		$_____	Réstenle al Dinero Disponible, el total de los gastos que tienen...
GASTOS	➡	$_____	
TOTAL DD menos GASTOS		$_____	

Si este último número es positivo, pueden elegir entre hacer o no, pequeños cambios para ser más eficientes en la forma en la que están admi-
nistrando sus finanzas. Quizás pueden empezar un fondo de inversión
a largo plazo para comenzar a planear para la jubilación o pueden incrementar su nivel de generosidad apoyando alguna causa importante para
ustedes.

Si el número es negativo, deberán tomar serias decisiones para reducir
gastos, incrementar ingresos y balancear el presupuesto de la familia. Si
para balancear el presupuesto deben colocar a la pareja en un estado de
estrés, quizás deban pensar en colocar la fecha de la boda un poco más
adelante para tener tiempo de hacer los cambios necesarios.

2. Siéntate con tu pareja y contesten esta serie de preguntas que están
tomadas y adaptadas del libro del doctor Larry Burkett, *Cómo manejar su
dinero.*[1]

Si ustedes asisten a una comunidad de fe, contesten primero las preguntas de los objetivos familiares. Luego pasen a los objetivos financieros.
Si no tienen una vida religiosa, pasen a los objetivos financieros familiares directamente.

Objetivos familiares
Cuando una pareja cristiana (católica o protestante) comienza a establecer objetivos familiares, es necesario entender los papeles que cada

miembro cumple en el plan de Dios. Contesten juntos estas preguntas y háblenlas abiertamente:

1. ¿Cuáles son nuestros sueños para la familia que vamos a comenzar?

_____

_____

_____

_____

2. a. (Esposa al esposo) ¿Qué puedo hacer para ayudarte a cumplir con tus responsabilidades como líder espiritual de nuestra familia?

_____

_____

_____

_____

b. (Esposo a la esposa) ¿Cómo puedo cumplir mejor con mis responsabilidades como líder espiritual del hogar?

_____

_____

_____

_____

3. ¿Cómo crees que podamos satisfacer las necesidades espirituales de nuestra familia?

_____

_____

_____

_____

4. ¿Cómo crees que podríamos proveer un tiempo con Dios para nuestra familia?

_____
_____
_____
_____

5. ¿Crees que tenemos una vida de oración consistente juntos?

_____
_____
_____
_____

6. Enumeren las responsabilidades establecidas para el esposo o para la esposa en los siguientes pasajes:

1 Pedro 3.1-2

_____
_____

Colosenses 3.18-19

_____
_____

1 Timoteo 2.11-15

_____
_____

1 Corintios 11.3

_____
_____

Efesios 5.17-33

_____
_____

7. ¿Crees que estamos involucrados adecuadamente en nuestra iglesia o parroquia? ¿Qué podríamos hacer para involucrarnos más?

_____

_____

_____

_____

8. ¿Cómo podríamos mejorar la forma en la que comemos?

_____

_____

_____

9. ¿Cómo podríamos hacer más ejercicio, cuidar mejor nuestro cuerpo?

_____

_____

_____

_____

10. ¿Cómo podemos mejorar el uso de nuestro tiempo? Por ejemplo, ¿vemos mucha televisión? ¿Estamos demasiado involucrados en las redes sociales? ¿Deberíamos tener algún pasatiempos juntos? ¿Leer más?

_____

_____

_____

_____

11. ¿Cómo y cuándo deberíamos disciplinar a nuestros niños? ¿Cuál crees que es el punto de vista bíblico sobre la disciplina?

_____

_____

_____

_____

12. Brevemente anoten las responsabilidades de padres e hijos en los siguientes pasajes:
Colosenses 3.20-21

_____

_____

Hebreos 12.5-11

_____

_____

Proverbios 3.11-12

_____

_____

Efesios 6.4

_____

_____

13. ¿Qué clase de instrucción y entrenamiento deberíamos dar a nuestros hijos en el hogar?

_____

_____

_____

_____

Objetivos financieros familiares

Según un estimado conservador, al menos un sesenta o setenta por ciento de los problemas en un hogar cristiano circundan alrededor de las finanzas. La comunicación es el primer paso para encontrar la cura de Dios.

1. ¿Crees que manejo el dinero apropiadamente?

_____

_____

_____

_____

2. ¿Cómo podría administrar mejor nuestro dinero?

_____

_____

_____

_____

3. Crees que soy:

    a) ¿Muy frugal?
    b) ¿Muy extravagante?
    c) ¿Más o menos equilibrado/a?
    ¿Por qué?

_____

_____

_____

_____

4. ¿Crees que tomo bien la responsabilidad de manejar las finanzas en mi vida?

_____

_____

_____

_____

5. ¿Piensas que estamos comunicando bien entre nosotros los objetivos financieros para nuestra familia?

_____

_____

_____

_____

6. ¿Cuáles son algunos de tus sueños que van a necesitar dinero en los próximos doce meses?

_____

_____

_____

_____

7. ¿Cuál es el sueño más importante que tenemos que cumplir este año que viene?

_____

_____

_____

_____

8. ¿Cuál es tu plan para la educación de nuestros niños?

_____

_____

_____

_____

9. Cuando piensas en la palabra «jubilación», ¿qué viene a tu mente? ¿Qué te gustaría hacer cuando te jubiles?

_____

_____

_____

_____

10. ¿Qué piensas del diezmo?

    a) ¿Es necesario?
    b) ¿Cuánto deberíamos dar?
    c) ¿A dónde deberían ir nuestras contribuciones?

_____

_____

_____

_____

11. ¿Qué piensas con respecto al tema del dar, en general?

_____

_____

_____

12. ¿Te gusta el estilo de vida que tenemos?

_____

_____

_____

_____

13. ¿Qué cambios te gustaría ver en nuestro estilo de vida?

_____

_____

_____

_____

Historia personal y familiar[2]

1. ¿Cómo manejaban el dinero tus padres?

_____

_____

_____

_____

2. ¿Cómo ahorraban dinero tus padres?

_____
_____
_____
_____

3. ¿Te gustaría que ambos trabajemos o que uno se quede en casa y el otro salga a ganar el sustento familiar afuera?

_____
_____
_____

4. ¿Eres conservador/a o arriesgado/a en tu forma de encarar inversiones?

_____
_____
_____
_____

5. ¿Cuánto quieres ganar en la vida? Realmente. Honestamente. ¿Con cuánto salario estarías feliz?

_____
_____
_____
_____

6. ¿Alguna vez has perdido grandes sumas de dinero en alguna inversión o negocio? Cuéntame cómo ocurrió y cómo te sientes ahora al respecto.

_____
_____
_____
_____

7. ¿Prefieres que rentemos o que compremos una casa?

_____
_____
_____
_____

8. ¿Cuál fue el error económico más grande que cometiste en la vida?

_____
_____
_____
_____
_____
_____
_____
_____

9. ¿Cuál fue la cosa más cara que te compraste en la vida? ¿Por qué?

_____
_____
_____
_____

10. ¿Qué es lo que te estresa más al momento de pensar en dinero?

_____
_____
_____
_____

11. ¿Hablaban tus padres sobre dinero en casa? ¿Tenían discusiones a causa del dinero?

----

12. ¿A qué organización, misión o causa apoyas económicamente?

----

13. ¿Podemos hacer una lista de nuestros sueños económicos? (Por ejemplo, casa, auto, vacaciones, educación, etc.)

Notas:

_____

_____

_____

_____

_____

_____

_____

EL FUNDAMENTO
DE TU *éxito*
ECONÓMICO

Cap 9

UNA HISTORIA DESDE EL PAÍS DE LAS RAJADURAS

Tengo un amigo en Estados Unidos que se compró una casa hace algunos años atrás. Se llama Carlos. Después de vivir en la casa por unos seis meses, comenzó a notar que una de las paredes tenía una rajadura. Tomó la guía de teléfonos, buscó por un carpintero (hay que recordar que en Estados Unidos las casas están hechas de madera y yeso), y lo contrató para que arreglara la rajadura que tenía la pared.

Después de un arduo día de trabajo, el carpintero terminó su labor y le pasó a Carlos una cuenta tan grande que mi amigo pensó que si se hubiera quedado otro día, ¡le hubiera tenido que entregar su primogénito!

Pasaron las semanas y unos tres meses más tarde, Carlos se levantó una mañana para encontrar no solamente que todavía tenía la rajadura original en la misma pared que acababa de arreglar, sino que ahora tenía a toda la «familia rajadura» en su pared: Papá Rajadura, Mamá Rajadura y como ¡siete u ocho rajaduritas en diferentes lugares!

Nuevamente, entonces, llamó al carpintero que le había hecho el arreglo original para que le viniera a colocar nuevamente el yeso a la pared con problemas. Dos días más tarde, la pared quedó como nueva (esta vez solo le costó a Carlos un par de vasos de jugo de naranja y algunos emparedados que le ofreció al trabajador mientras reparaba el mal trabajo realizado en primera instancia).

Los días pasaron, se hicieron semanas y una buena mañana Susana, la esposa de Carlos, se levanta para desayunar y se encuentra, de pronto, con un ejército de rajaduras en la misma infame pared. Allí estaba, frente a ella, toda la infantería, caballería y artillería del País de las Rajaduras.

Mi buen amigo, entonces, sintiéndose defraudado económicamente, decidió llamar a un carpintero diferente. Cuando el nuevo carpintero llegó, observó las rajaduras, miró la pared, bajó al sótano de la casa, subió al techo y le dijo a mi amigo algo que él realmente no estaba esperando:
«Yo no le puedo ayudar, señor», dijo el carpintero.

«¿Quéee?», contestó Carlos, «¿Cómo que no me puede ayudar? ¿No es usted un carpintero? ¿No arregla paredes de yeso?».

«Sí, soy carpintero y arreglo paredes de yeso. Pero usted no necesita un carpintero. Su problema no son las rajaduras. Usted tiene un problema en la fundación de su casa. Las columnas del fundamento se están moviendo y hasta que usted no repare el fundamento de la edificación, usted siempre va a tener rajaduras en esa pared. Usted lo que necesita es un ingeniero».

El intercambio no solo le proporcionó a Carlos una importante lección sobre cómo resolver problemas de construcción, sino que me ha proporcionado a mí a través de los años una buena ilustración sobre cómo evitar problemas económicos.

La mayoría de la gente ve las rajaduras que tiene en su vida financiera y creen que esos son los problemas que deben resolver. Para eso, entonces, consultan con algún asesor financiero, algún banco, o leen algún libro sobre cuáles son las cosas (o pasos) que deben hacer para salir del problema. Sin embargo, en la gran mayoría de los casos, los problemas financieros son solamente la consecuencia de otros problemas más profundos en la vida del individuo. Son el resultado de haber violado los Principios Universales del manejo económico, Principios que yo llamo, «Principios P».
Cuando colocamos fundamentos sólidos e inamovibles en las bases de nuestra vida, nuestra pared financiera nunca tendrá rajaduras. Mucha gente a la que aconsejo financieramente se la pasa tratando de solucionar sus problemas con un parche por aquí y otro por allá. No se dan cuenta que la raíz de sus dificultades está en su ser. Deben cambiar el ser, para, luego, ser totalmente efectivos en el hacer[1]

Primer pilar «P»: la paciencia, acompañada de perseverancia

La historia que te voy a presentar la he contado alrededor del mundo por años. Siempre que la transmito, puedo ver cómo los ojos de mi audiencia se iluminan al final de la explicación.

Esta versión, en particular, la tomé de mi primer *best seller*, *¿Cómo llego a fin de mes?*[2] Pensando si debía colocarla aquí o no, caí en la cuenta de que si tu fueras familia mía y tuvieras la edad que tienes, yo te contaría esta historia y este secreto, especialmente a la luz de cómo los bancos de nuestros países están estructurando el pago de los préstamos hipotecarios.

Así que, aquí te presento mi famosa historia de Ricardo Rápido y Pedro Paciente:

Había una vez dos amigos. Uno se llama Ricardo Rápido y otro se llama Pedro Paciente.

Los dos se quieren comprar una casa por 100 mil dólares. Los dos tienen 10 mil dólares para dar de depósito y los dos pueden pagar 700 dólares por mes en su hipoteca.

Una compra inteligente

Ricardo Rápido, por ser rápido, se compra la casa más grande que puede con el dinero que tiene: la paga $101.037,55.

Aquí está su situación económica:

Casa de $101.037,55
Anticipo $ 10.000,00
Deuda: $ 91.037,75

Plazo: 30 años
Interés: 8,50% anual
Pago mensual: $700

Pedro Paciente, a pesar de poder hacer lo mismo que hizo Ricardo Rápido, decide que va a comprar primero una casita más pequeña. La paga $66.458,12

Casa de $66.458,12
Anticipo $10.000,00
Deuda: $56.458,12
Plazo: 30 años
Interés: 8,5% anual

[Debo reconocer que no tomaré en cuenta algunos aspectos financieros importantes como la fluctuación del mercado inmobiliario, la inflación y los costos de compra y venta de inmuebles. La razón por la que lo hago, la explicaré al final, pero tiene que ver con la lección principal que quiero enseñar, que hacen que esos aspectos financieros no jueguen un papel preponderante en la historia.]

Ahora bien, a pesar de que la deuda es menor y que los pagos mensuales pueden ser menores, Pedro Paciente se dice a sí mismo: «Yo puedo pagar 700 dólares mensuales, así que voy a pagar más para adelantar lo antes posible el pago de mi deuda».

Entonces, el pago mensual de Paciente es más alto del que debería ser:

Pago mensual: $700

Este es el cuadro comparativo de la situación económica de nuestros dos amigos:

Nombre	Deuda	Pago	Interés	A la deuda	Activo
Rápido	$91.037,55	$700	$644,85	$55,15	$10.055,15
Paciente	$56.458,12	$700	$399,91	$300,09	$10.300,09

Notemos que el pago «extra» que está haciendo Paciente le permite colocar más dinero para pagar su deuda y, por lo tanto, está aumentando su activo (el valor del dinero que tiene en su propiedad, que en inglés se llama «equity»).

Un pago anticipado

A los diez años, Pedro Paciente termina de pagar su casa. Esta es la situación económica de Rápido y Paciente al final de esos 120 meses:

Nota que Ricardo Rápido, después de diez años de pagar 700 dólares por mes, todavía debe ¡80 mil dólares! Esa es la «trampa económica» del sistema de pagos de préstamos para compras mayores (como automóviles y casas) tanto en Estados Unidos como en muchos países de nuestra Latinoamérica. No es ilegal. Simplemente es muy desventajoso para el consumidor.

Mes	Nombre	Deuda	Pago	Interés	A la deuda	Activo
120	Rápido	$80.789,33	$700,-	$572,26	$127,74	$20.375,96
120	Paciente	$695,06	$700,-	$4,92	$695,06	$66.458,12

Nota que a pesar de que ahora en la mensualidad de Rápido hay una mayor cantidad de dinero que va hacia el pago de su deuda, todavía (después de diez años) la cantidad de ese pago que ha sido asignado a pagar intereses es todavía de un tamaño respetable. ¿El resultado? Que Ricardo Rápido ha estado pagando primordialmente un «alquiler» por el dinero que pidió prestado para comprar su casa y, después de haber hecho pagos por 84 mil dólares, ¡todavía debe 80 mil de los 100 mil que pidió prestado en un comienzo!

Una movida inteligente

Ahora que Pedro Paciente pagó totalmente su casa, decide venderla y comprarse la casa de sus sueños exactamente al lado de la de Ricardo Rápido. A través de una buena negociación que pudo hacer gracias a que no estaba presionado, le cuesta lo mismo que le costó a los Rápidos diez años atrás: $101.037,55.

Casa de Ricardo Rápido   Casa de Pedro Paciente

Paciente coloca todo el dinero obtenido por la venta de su primera casa ($66.458,12) como anticipo y toma el resto como una hipoteca a pagar a treinta años. Observemos, ahora, cuál es la posición financiera de los Rápidos y los Pacientes:

Mes	Nombre	Deuda	Pago	Interés	A la deuda	Activo
121	Rápido	$80.661,59	$700,-	$571,35	$128,65	$20.504,61
121	Paciente	$34.579,43	$700,-	$244,94	$455,06	$66.913,18

Debemos notar que, a pesar de que Pedro podría pagar una mensualidad menor, continúa haciendo el pago mensual de 700 dólares, lo que acelera aun más la velocidad con la que está pagando su deuda hipotecaria.

Una meta lograda

Cinco años después, Pedro Paciente termina de pagar la deuda de su segunda casa. Aquí está el cuadro comparativo de la situación económica de Ricardo Rápido y Pedro Paciente después de 180 mensualidades pagadas (quince años):

Mes	Nombre	Deuda	Pago	Interés	A la deuda	Activo
182	Rápido	$70.888,30	$700,-	$502,13	$197,87	$30.347,12
182	Paciente	$8,46	$8,52	$0,06	$8,46	$101.137,55

Una inversión sabia

Una vez que Pedro Paciente termina de pagar la casa de sus sueños, decide que, en vez de mudarse a una casa más grande o gastar el dinero que ahora le queda disponible, lo va a invertir conservadoramente al 8% de interés anual. Entonces, Pedro Paciente abre una cuenta de inversiones en la que deposita **700 dólares** todos los meses con un rendimiento del **8% anual.**

Un resultado asombroso

La pregunta, ahora, es ¿qué ocurre con Ricardo Rápido y Pedro Paciente después de treinta años de sus compras originales? (Recordar que su hipoteca original era a treinta años de plazo.)

Pues bien: a los treinta años de pagar sus mensualidades hipotecarias religiosamente, Ricardo Rápido finalmente termina de pagar su casa. Hace una fiesta, invita a sus amigos y celebra que, por fin, es un hombre libre del yugo hipotecario y la casa es realmente suya. Tiene un capital acumulado de 101.037,55 (el valor de su propiedad).

Por otro lado, con menos bombos y platillos, la inversión de Pedro Paciente en el banco alcanza la increíble suma de ¡**239.227,24** dólares!

Además, por supuesto, Paciente tiene el capital de su casa lo que le lleva a tener un activo acumulado de más de ¡**340 mil dólares**!

¿Cómo es posible? Pues la razón principal por el éxito económico de Pedro Paciente tiene que ver con la forma en la que planeó el pago de sus intereses hipotecarios. Por eso es que en mi historia dejé de lado ciertos factores importantes como la fluctuación de los precios de las casas y la inflación del país.

La enseñanza principal de esta historia tiene que ver con la cantidad de intereses que pagaron cada uno de los protagonistas.

Ricardo Rápido, con un carácter típico de nuestras tierras quiso tenerlo todo lo más rápido posible. Pero eso tiene un precio. Para él, fue de $117.257,92 en intereses hipotecarios.

Pedro Paciente, por su lado, supo esperar y sufrír por diez años en una casa más pequeña y en un barrio con menos «estatus» que el de Rápido, pero ese planeamiento económico a largo plazo trajo sus beneficios. Paciente solamente pagó $35.670,95 en intereses (casi un tercio de lo que pagó Rápido). Aun más: su dominio propio y su carácter maduro le ayudaron a invertir el dinero que muchos de nosotros gastaríamos en nuevos «proyectos» familiares.

El príncipio a seguir, entonces, en la nueva economía de mercado es que, cuando hablamos del pago de intereses, el juego se llama «El que paga pierde».

Una nota más que quizás es obvia: la acumulación de un capital de 340 mil dólares le tomó a Pedro Paciente treinta años de su vida. Eso quiere decir que, si comenzó a los treinta o treinta y cinco años de edad él ahora está a punto de jubilarse. No le queda el mismo tiempo de vida que le quedaba cuando comenzó sus planes financieros a largo plazo y, ciertamente, disfrutó diez años menos de la casa de sus sueños.

Pero Pedro Paciente no está pensando solamente en sí mismo. Paciente está acumulando capital para la siguiente generación: para sus hijos y sus nietos. Él ha sacrificado parte de su satisfacción personal por el bienestar de las generaciones futuras. Este tipo de actitud está desapareciendo de nuestro continente en la medida en la que los medios de comunicación social nos condicionan a disfrutar del «aquí y ahora» sacrificando en el proceso el futuro personal y familiar.

Esa era la actitud que demostraba el carácter de los inmigrantes europeos y asiáticos a nuestras tierras. Era la actitud de mi abuelito y de muchos otros eslavos, alemanes y asiáticos que regaron con su sangre y su sudor el noreste argentino para abrirle surcos a la selva de Misiones y del

Chaco Paraguayo. Nos vendría muy bien al resto de nosotros el imitarles.

Segundo pilar «P»: el contentamiento y el principio de la verdadera felicidad

Historias fronterizas

Hace algunos años atrás estaba dando una serie de conferencias en la frontera entre el norte de México y el sur del estado de Tejas, Estados Unidos. Cuando terminó mi primera conferencia en tierra mexicana, Jorge y María se me acercaron y me confiaron que tenían tensiones en su matrimonio a causa de su situación económica. Me dijeron que sus salarios no les permitían vivir dignamente. Jorge trabajaba de obrero en una compañía de la ciudad y ganaba solamente cinco dólares por día. María también trabajaba y ganaba otro tanto.

Es importante notar que en esos días el salario mínimo, vital y móvil en Estados Unidos, era de casi cinco dólares y medio la hora. Entonces, ellos estaban ganando en un día lo que un obrero norteamericano ganaba ¡en menos de una hora! Les di una cita para reunirse conmigo un par de días después.

El tema me tocó el corazón. Especialmente, cuando Jorge me explicó que algunos alimentos costaban tan caros en su pueblo de frontera que le convenía cruzar al lado norteamericano para hacer sus compras de comida.

Por otro lado, Ignacio y María Rosa también se me acercaron esa misma noche. María Rosa era la hija del dueño de una empresa importante en la ciudad que se encontraba al otro lado de la frontera, en tierra de habla inglesa. Ellos eran unos jóvenes de entre veinte y veinticinco años, muy buenas personas, respetados en su ciudad y en su comunidad de fe. Daban donativos con regularidad y ayudaban a los demás cuando podían. Sin embargo, también ellos tenían problemas para controlar su vida económica.

Ignacio me confesó que con las entradas que tenían no les era posible vivir dignamente. Cuando pregunté, María Rosa me contestó que la suma de ambos salarios era de unos *10 mil dólares al mes*.

Esa noche pensé: *si Jorge y María recibieran los diez mil dólares mensuales que ganan Ignacio y María Rosa, se convertirían en la pareja más feliz de la tierra... por los próximos tres años. Lo serían, hasta que ellos también se acostumbraran a gastar diez mil dólares por mes y entonces, ¡tampoco les alcanzaría para vivir «dignamente»!*

Las dos parejas, aunque provenían de trasfondos económicos diferentes, en realidad tenían el mismo problema: dificultad para vivir dentro del nivel económico al cual pertenecían cada uno de ellos. Su situación, como la de otras muchísimas familias a lo largo y ancho de Latinoamérica, prueba una verdad muy cierta: la diferencia entre llegar a fin de mes y no llegar, no se encuentra en la cantidad de dinero que ganamos, sino en la cantidad de dinero que *gastamos*.

La premisa de este principio es que, con excepción de aquellos que viven en condiciones de extrema pobreza (aproximadamente entre una quinta y una sexta parte de la población del mundo), todos los demás hemos recibido lo suficiente como para sustentarnos y proveer para nuestras necesidades básicas.

Este es el principio de la verdadera felicidad, del contentamiento: *cada uno de nosotros necesitamos aprender a ser felices dentro del estrato socioeconómico en el cual nos toca vivir.*

Debemos, también, aprender que «felicidad» es un estado del alma, y tiene muy poco que ver con la cantidad de dinero que ganamos o que hemos acumulado a lo largo de los años.

La violación al principio de la verdadera felicidad es la raíz más común del problema de deudas y presiones financieras que viven las familias y los negociantes de nuestro continente el día de hoy.

La prosperidad y mi pastel favorito

Siempre he dicho que si alguna vez dejara de vivir en Estados Unidos habría dos cosas que extrañaría profundamente: el pastel de queso (*cheesecake*) y el de manzanas (*apple pie*). Cuanto más viajo y hablo con gente, más me doy cuenta de que el concepto de la «prosperidad» tiene mucho que ver con un pastel de manzanas.

Si bien es cierto que las manzanas son un componente importantísimo para disfrutar del famoso pastel, no son el único ingrediente.

Cuando hablamos de mi querido pastel de manzanas... por supuesto que estamos hablando de esa famosa fruta. ¡Sería imposible tener un pastel de manzanas sin manzanas!... pero las manzanas no lo son todo. El pastel necesita también tener cosas como harina, sal, canela, agua... Sin esas cosas, uno nunca tendría un pastel al final del proceso.

Me da la impresión de que cada vez son más los que creen que la vida abundante (otra manera de llamar a la prosperidad integral), está de alguna manera directamente relacionada con la cantidad de dinero que uno gana. Actúan como si el dinero y las cosas materiales estuvieran en el corazón de la buena vida, de nuestro bienestar. Se enfocan en las manzanas y se olvidan de todos los demás ingredientes.

Desde los profetas de la prosperidad, pasando por los profesores del materialismo y los periodistas de noticias internacionales, muchos de los influyentes del mundo de hoy están muy afectados por una filosofía que nos ha fallado de forma miserable: la filosofía del materialismo. Es imposible alcanzar la verdadera felicidad en la vida si uno adopta el materialismo. Hace más de dos mil años que alguien nos enseñó: «La vida del hombre no consiste en la abundancia de los bienes que posee».[3] Esa es una gran verdad.

El bienestar requiere de dinero, pero no es el ingrediente esencial para la buena vida. Aprende a ser feliz con los recursos económicos y las cosas que tienes el día de hoy.

Tercer pilar «P»: la vida y la prosperidad en perspectiva

El camino hacia la prosperidad integral no es una carrera olímpica de 100 metros llanos. La verdad es que la ruta más segura hacia el bienestar personal y familiar es, en realidad, una carrera *cross-country* [a campo traviesa] de cinco kilómetros de largo y, además, ¡con obstáculos!

Debido a las grandes dificultades económicas que han pasado nuestros países en los últimos decenios, se nos ha entrenado desde pequeños a pensar en soluciones rápidas, enfocadas en el hoy. Sin embargo, la verdad, es que si te enfocas solamente en el hoy, quizás pierdas una tremenda oportunidad mañana.

Las decisiones económicas que tomas hoy, grandes o pequeñas, tendrán un profundo impacto en tu futuro.

El desafío en el desierto

Muchos años atrás, un joven explorador decidió cruzar un sector del desierto de Atacama, el más árido del mundo. Debido a un error de navegación, se perdió en esa famosa tierra chilena, muy lejos de la costa para regresar. Su única esperanza era llegar hasta un pueblo abandonado que, según él creía, estaba solo a unos pocos kilómetros de distancia. Quizás allí encontraría refugio y podría pensar en la manera de sobrevivir.

Los días pasaron y, finalmente, cuando ya se había dado por vencido, a lo lejos ve los restos de una choza abandonada. Sin poder contener su alegría, usa todas sus fuerzas para correr hacia el único pedazo de parche verde que había visto en kilómetros a la redonda. Al llegar, no encuentra señales de vida humana. Solo algunas plantas del desierto, un par de herramientas, la choza vencida por el tiempo, un fogón, algunas ropas... y ¡una bomba de agua!

El explorador, casi a punto de morir de sed, usa la energía restante para bombear un par de veces el aparato, y darse cuenta de que ¡está roto! Se deja caer al piso en total desesperación mientras lanza un grito desconsolado de lo profundo de su corazón. Ahora todo está perdido.

En ese preciso momento descubre que junto a la bomba hay una cadena que corre desde la bomba al piso y se hunde en la tierra inmediatamente debajo de una ancha piedra. Sigue la cadena, levanta la piedra y descubre un pozo de mediana profundidad. Quita la cadena del pozo y al final de esta hay una botella de Coca-Cola® de 500 mililitros (¡hecha en las Filipinas!). Junto a la botella, hay una nota fechada solo un par de días antes. Levanta la nota, se limpia los ojos y lee: «El agua de la botella es para cebar la bomba. Toda debe ir al tubo principal. ¡Disfrute! (y no se olvide de llenarla de nuevo para el próximo)».

Ahora nuestro explorador tiene un dilema: el agua fresca de la botella puede salvarle la vida... y la tiene ahora mismo en sus manos. Por otro lado, si no moja el resecado sistema de succión (hecho de cuero en esas épocas), no habrá posibilidad para él ni para futuros exploradores de tener agua fresca.

¿Qué hace?: ¿se toma el agua o la vuelca en la bomba? ¿Salva su vida o se arriesga a obedecer una nota de una persona que él ni siquiera conoce?[4]

En la respuesta a este dilema se encuentra uno de los grandes secretos de la prosperidad en la vida. Aquellos que se toman el agua, viven vidas mediocres, de supervivencia, opacas, guiados por el «aquí y ahora». Aquellos que la vuelcan, entienden el poder que se encuentra contenido en las grandes paradojas «P» de la vida: a veces hay que morir para vivir, hay que perder para ganar, hay que servir para liderar, hay que entregar para recibir.

¿Estás dispuesto a tomar decisiones difíciles el día de hoy, para poder cosechar los beneficios de la prosperidad integral en ti y en tu familia hasta la tercera y cuarta generación?

Una decisión con consecuencias históricas

Edward Bok en su libro *Perhaps I Am* [Tal vez yo soy] cuenta una historia muy conmovedora que justamente muestra cómo la decisiones que tomamos el día de hoy pueden traer consecuencias para el resto de nuestras vidas. Bok cuenta que había dos jóvenes que estaban estudiando en la Leland Stanford University. Todo marchaba bien hasta que...

...Llegó un día en el que los jóvenes se vieron en serios problemas para pagar sus gastos de estudios y sus gastos de supervivencia. Fue entonces que uno de ellos sugirió el tratar de organizar un concierto con el conocido pianista Paderewski. Las ganancias podrían ayudarles a pagar sus gastos de vivienda, comida y estudios.

Cuando contactaron al administrador del pianista, este les requirió una garantía mínima de 2.000 dólares (una importante suma de dinero para esa época). Los estudiantes, sin dudarlo por un segundo, se abocaron a la tarea de preparar el concierto. Trabajaron duramente, pero a pesar de ello, el concierto solamente produjo una ganancia de 1.600 dólares.

Los jóvenes, entonces, fueron a ver al gran artista después de la presentación y le contaron lo que había ocurrido. Le dieron los 1.600 dólares y un pagaré firmado por los otros 400. Le indicaron al famoso pianista que, ni bien tuvieran el dinero, le harían ese pago. «No», dijo Paderewski, «eso no va a funcionar». Entonces, rompiendo el pagaré en mil pedazos les devolvió el dinero diciéndoles: «Ahora: tomen este dinero, paguen todos sus gastos, guárdense el 10% del resto cada uno por el trabajo realizado y denme lo que quede».

Los años pasaron (años de fortuna y destino) y Paderewski se convirtió en el Premier polaco. La gran guerra llegó a Polonia y Paderewski se preguntaba cómo haría para alimentar a su hambrienta nación. En ese momento en la historia, había un sólo hombre en todo el mundo que podía ayudar a Paderewski y a su gente. Y así fue: miles de toneladas de alimentos comenzaron a llegar a Polonia para ser distribuidas por el Premier polaco. Millones de personas salvaron sus vidas.

Luego de que su hambrienta nación fuera alimentada, Paderewski viajó a París para agradecerle al futuro presidente Herbert Hoover por el auxilio enviado. «No fue nada, Mr. Paderewski», contestó Hoover. «Además, usted seguramente no se acuerda, pero siendo yo estudiante universitario usted fue el que me ayudó primero, cuando, en esa oportunidad, era yo el que estaba hundido en el pozo de la necesidad.[5]

La vida es larga y tiene muchas vueltas. Uno nunca sabe cómo es que las acciones de integridad, compasión, entrega personal y compromiso que tomamos el día de hoy impactarán nuestra supervivencia el día de mañana. Actúa el día de hoy, con una mirada hacia la eternidad.

PARA HABLAR CON TUS AMIGOS:

Comparte con tus amigos este divertidísimo video (en inglés) que nos ilustra el tema de la gratificación diferida. El desafío: comerse un marshmallow («nube») ahora o esperar unos quince minutos y recibir dos. También puedes encontrar un enlace a este video llamado «El Test del Marshmallow» en la página de Cultura Financiera: **www.CulturaFinanciera.org/EsperanzaDeFuturo.**

Esta es una ilustración de un experimento real que llevó a cabo el doctor Walter Mischel en las instalaciones de la Universidad Stanford, en el norte de California, a comienzos de los años de la década del 70.[6]

El doctor Mischel descubrió que los niños que pudieron resistir la tentación de comerse su marshmallow (o su dulce o galleta), tuvieron un mejor nivel de vida, mejor puntuación en sus exámenes SAT (para entrar en la universidad), mejor índice de masa corporal y otras medidas de calidad de vida. Para mirarlo,[7] divertirse y pensarlo...

¡Que lo disfrutes!

La sociedad te dice: «¡Compra ahora y paga después!». Eso, por supuesto, te llevará a perder una gran cantidad de dinero pagando intereses a lo largo de los años.

Lo mejor es: «Ahorrar ahora y comprar después». Piensa: ¿cuáles son las cosas para las que te gustaría ahorrar ahora y comprar cuando tengas el dinero en efectivo?

_____

_____

_____

_____

_____

_____

_____

_____

_____

_____

El poder
de la
INTEGRIDAD

El carácter no se forja en las crisis, solo se demuestra.

·········· ROBERT FREEMAN[1] ··········

Cap 10

Tomas Paine decía: «Carácter: mejor preservarlo que recobrarlo»[2], y tenía muchísima razón.

«Cuando te metes en el mundo de los negocios, si alguien cuestiona tu integridad, ¡estás muerto!», dice C. E. Andrews, presidente de RSM Business Services, expresidente de la gigante corporación Sallie Mae, donde trabajó luego de veintinueve años de experiencia con la famosa corporación Arthur Andersen. «No tienes segundas oportunidades cuando tienes una marca negra en tu integridad», continúa diciendo el experto visitante a la Universidad de Maryland.[3]

Arthur Andersen, Sallie Mae, Enron, WorldCom y otras quiebras similares como las de Lehman Brothers, Washington Mutual o Sunbeam nos dicen que no importa qué tan grande puedas llegar a crecer o cuántos millones acumular, la falta de integridad te hundirá tarde o temprano.

Una decisión de alto vuelo

Hace muchos años atrás leí una historia que me gustaría compartir contigo. Se dice que al comienzo de la década de los años 60, la empresa Douglas Aircrafts estaba compitiendo con la Boeing para venderle a la aerolínea Eastern sus primeros jets. Se dice que el conocido piloto y héroe de guerra Eddie Rickenbacker, en ese tiempo el presidente de Eastern, le comentó al señor Donald Douglas que las especificaciones que le había dado para sus aviones demostraban que los DC-8 eran tan buenos como los aviones que estaba ofreciendo la Boeing, excepto por la cantidad de ruido dentro del avión.

Rickenbacker entonces le dijo a Douglas que le daría una última oportunidad para mejorar su propuesta y presentar mejores números que los presentados por Boeing en cuanto a ese factor. Le dijo que si Douglas podía modificar esos números, el contrato sería suyo. Donald Douglas le pidió al presidente de la Eastern que le diera algunos días y le volvería a hablar con una respuesta.

Luego de consultar con sus ingenieros, el presidente de la empresa de los famosos DC-8 llamó a Rickenbacker y le confesó que la verdad era que no podía prometer que sus aviones tuvieran menor cantidad de ruido en la cabina. Le dijo que esos eran los números reales y que no podría hacer nada al respecto.

–Yo ya lo sabía –contestó el famoso héroe y exitoso empresario–. Solo quería ver si usted era todavía honesto.[4]

Entonces le concedió a la compañía Douglas Aircraft un contrato multimillonario para proveer los primeros jets de su empresa.

Nosotros nunca sabemos qué negocios nos perdemos cuando decidimos ser corruptos en vez de ser honestos. La falta de honestidad, a largo plazo, no paga.

La falta de integridad en nuestros negocios es como un cáncer que se está comiendo a la sociedad. Francis Fukuyama, en su libro *Trust* [Confianza] explica, justamente, cómo es que la falta de confianza entre los empresarios de hoy hace que los negocios y la economía en general sean mucho más lentos y complejos que los tratos que cerraban nuestros abuelos con solo un apretón de manos. Nuestros abuelitos valoraban su palabra. Nosotros, valoramos los resultados, hacemos cualquier cosa con tal de lograr lo que queremos.

Dice el Banco Mundial que la corrupción en el sector público es, indiscutiblemente, un problema en los países en desarrollo.[5] Yo agregaría, quizás el más serio.

Stephen Carter, profesor de la Escuela de Leyes de la Universidad de Yale y autor del libro *Integrity* [Integridad], explica que la integridad requiere de tres pasos concretos:

1. Discernir lo que está bien de lo que está mal (saber qué es lo bueno y lo malo).
2. Actuar de acuerdo a esas convicciones, aun a pesar de tener que pagar un precio en lo personal por hacerlo.
3. Expresar abiertamente frente a otros que uno está actuando de acuerdo a su propio discernimiento del bien y del mal.[6]

Cuando viajo ofreciendo conferencias, especialmente en aquellas que presento para empresarios y políticos, con regularidad defino «integridad» de la siguiente manera:

Integridad es...
Hacer lo que se tiene que hacer,
Cuando se tiene que hacer,
Como se tiene que hacer,
Sin importar las consecuencias.

Nuevamente, ahora remarcando lo que creo que es importante:

Hacer lo que se tiene que hacer,
Cuando se tiene que hacer,
Como se tiene que hacer,
Sin importar las consecuencias.

Si queremos disfrutar de la prosperidad integral, entonces, en primer lugar debemos desarrollar un carácter íntegro, sólido. Debemos descubrir las cosas en las que creemos y aprender a vivir de acuerdo con ellas, cueste lo que nos cueste. Ese es el tipo de hombre o mujer que el mundo admira.

Se dice que Abraham Lincoln dijo una vez: «Tú puedes engañar a todos algún tiempo, puedes engañar a algunos todo el tiempo, pero no puedes engañar a todos todo el tiempo».[7] Eventualmente la gente a tu alrededor sabrá quién realmente eres. Especialmente la gente que se encuentra más cerca tuyo.

Tu falta de integridad no solo afectará tu vida personal y familiar. También afectará tu futuro. Ya en los libros de la Ley de Moisés, se dice que los pecados de los padres impactan a sus hijos hasta la tercera y cuarta generación.[8]

Dos historias de honor, una gran lección

Hay dos historias que me gustaría contarte y que transmití a mis lectores, por primera vez, a comienzos del año 2000. Tan impactantes son estas historias, que decidí contártelas para que veas cómo es que nuestras decisiones traen consecuencias en el mañana. La primera viene de la ciudad de Chicago, donde tuve el privilegio de vivir por unos once años y tiene que ver con uno de sus ciudadanos más famosos: Al Capone.

Uno de los abogados de Al Capone se llamaba «Easy» Eddie (Eduardo «el Tranquilo»). «Easy» (se pronuncia «Isi») Eddie tenía fama de ser uno de los mejores y más sagaces abogados en todo Estados Unidos. Tal era su capacidad para manejar casos difíciles que el gobierno federal norteamericano había invertido cantidades enormes de dinero para encarcelar a Al Capone sin mucho éxito.

Al Capone, por su parte, premiaba a su inteligente abogado con un sueldo respetable, lujos, poder político y hasta una casa que cubría toda una manzana en la ciudad de Chicago.

«Easy» Eddie estaba casado y un día él y su esposa tuvieron un hijo. Eddie amaba profundamente a su hijo. Como todo padre, trataba de enseñarle la diferencia entre el bien y el mal, y le proporcionaba una buena educación, dinero, vacaciones regulares, la mejor vestimenta de moda, automóviles, etc. Sin embargo, había una cosa que «Easy» no podía darle a su heredero: un buen nombre. Los amigos de su hijo lo confrontaban con la triste realidad de que su padre era el que estaba permitiendo que un gánster como Al Capone continuara robando, matando y corrompiendo a la sociedad.

«Easy» Eddie lo pensó por un tiempo. Bastante seriamente. Un día, decidió que ese no era el ejemplo que le quería dejar a sus hijos (ya maduros) y a sus nietos. Eddie hizo contacto con las autoridades y se entregó a la policía para hacer lo que era correcto, a pesar de las consecuencias. Fue gracias a su testimonio en corte que, finalmente, el gobierno norteamericano colocó a Al Capone tras las rejas.

El abogado «Easy» Eddie fue acribillado a balazos en una oscura calle de Chicago no mucho tiempo después.

La segunda historia tiene que ver con un desconocido piloto de la fuerza aérea norteamericana.

El 20 de febrero de 1942, durante una de las batallas en el Pacífico, el portaaviones Lexington recibió órdenes de atacar posiciones japonesas en Nueva Guinea. Desafortunadamente para los norteamericanos, la nave de guerra fue detectada por los japoneses unos 600 kilómetros antes de llegar a destino. No mucho después, los aviones Wildcats del Lexington entraron en combate con dieciocho bombarderos japoneses.

Los primeros nueve fueron destruidos por los Wildcats, pero cuando la segunda tanda de bombarderos llegaron a las inmediaciones del Lexington, solamente este joven piloto y su acompañante estaban lo suficientemente cerca de la formación japonesa para defender la nave.

Para colmo de males, las ametralladoras del avión del acompañante se trabaron y nuestro jóven piloto quedó absolutamente solo frente a los nueve bombarderos enemigos. En un acto de heroísmo absoluto, el piloto de nuestra historia apuntó su Wildcat hacia los bombarderos enemigos y en medio de una verdadera lluvia de balas atacó de frente a toda la formación.

En su primera pasada, derribó su primer bombardero y, mientras este caía al agua, ya estaba derribando su segundo. Sin descanso, se volvió al resto del grupo y derribó tres más, y cuando se le acabaron las municiones utilizó su propio avión como arma para tratar de golpear las alas de los japoneses y eliminar a los demás. Su ataque fue tan efectivo, que retrasó el ataque nipón y le dio tiempo al resto del escuadrón americano de llegar y eliminar a los que quedaban.

Ese día este joven piloto norteamericano salvó a su portaaviones y defendió la vida de todos sus camaradas. Por este acto de valentía y renuncia personal, fue ascendido a Teniente Comandante y recibió la más alta condecoración que ofrece el gobierno de Estados Unidos: la Medalla de Honor del Congreso.

Ese joven piloto se transformó, entonces, en uno de los héroes más conocidos de la segunda guerra mundial. Su nombre es «Butch» O'Hare. Nombre, que para honrar su memoria, lleva hoy en día el aeropuerto de la ciudad de Chicago, uno de los más grandes del mundo.
¿Por qué te conté estas dos historias?
¿Qué tienen ellas en común?
Lo que tienen en común es que «Butch» O'Hare era el hijo de «Easy» Eddie. No hay un legado más precioso que podamos dejar a nuestros herederos que el ejemplo de un carácter sólido... a pesar de las consecuencias. Piénsalo.[9]

Cuando tomas decisiones de negocios o decisiones económicas, debes hacer lo que es correcto, no lo que es conveniente. Debes volcar el agua, cebar la bomba, producir agua para ti y para los demás, limpiar la botella, llenarla de nuevo y colocar una nueva nota.

Debes entregar tu vida en pos del bien, oponerte al mal, aunque eso te cueste todo lo que tienes. Puede que no veas el impacto de tus decisiones en el transcurso de tu vida, pero serán como temblores que impactarán el futuro de tu familia hasta la tercera y cuarta generación. Créeme: todo lo que el hombre sembrare, eso también segará.[10]

 **BÚSCAME EN FACEBOOK Y TWITTER:** **AGPANASIUK**

PARA HABLAR CON TUS AMIGOS:

1. Lee esta frase a algún amigo y pregúntale qué es lo que piensa:

Abigail Van Buren (famosa escritora de la columna *Dear Abby* [Querida Abby]) dijo una vez que la mejor manera de juzgar el carácter de una persona es:

a) Observando cómo trata a aquellos de los que no recibirá ningún beneficio.
b) Cómo trata a las personas que no pueden responderle de la misma manera en la que son tratadas[11] (como los meseros en restaurantes, los que sirven estacionando autos, o las señoras que limpian casas).

¿Puedes hacer una lista de las personas como estas con las que tú te pones en contacto durante el día?

_____
_____
_____
_____
_____
_____
_____
_____
_____
_____
_____
_____
_____

2. Lee este caso de estudio creado por el Instituto para la Cultura Financiera (si hablas inglés, visita la página del Institute for Global Ethics y encuentra muchos más casos tan interesantes como este[12]). Compártelo con tus amigos.

Caso de estudio (ficticio):

Hace años atrás, las Naciones Unidas estaban enviando alimentos y otros suministros humanitarios a un país latinoamericano involucrado en una terrible guerra civil.

Para ello, se contrataron empresas que cargaban los suministros en un país vecino y los llevaban a los lugares más necesitados.

Sin embargo, cuando comenzaron las tareas de auditoría, se encontró que los contratos con las organizaciones sin fines de lucro involucradas en la transportación de la ayuda incluían sumas excesivas de dinero por sus servicios.

Cuando comenzaron las indagaciones al respecto, se descubrió la razón por la cual estas organizaciones estaban requiriendo mucho más dinero de lo normal: sus conductores cargaban alimentos y suministros en la parte de atrás de los transportes y miles de dólares en la cabina de adelante.

De esa manera, cuando eran detenidos por las fuerzas revolucionarias en las rutas del país, se podía pagar el «impuesto de guerra» a las milicias insurgentes y continuar el camino hacia la entrega de medicinas y comida. Eso evitaba la pérdida del transporte... y, a veces, hasta de la vida de alguna persona.

–Puede que sea un soborno –decían los conductores– pero es parte del costo de distribuir los productos a la gente que tanto lo necesita.

El dilema moral de los auditores, ahora que sabían la verdad, era el decidir si reportar los detalles del descubrimiento a las autoridades de las Naciones Unidas o no. Si lo hacían, probablemente el ejecutivo que coordinó la contratación de las organizaciones distribuidoras de la ayuda de emergencia perdería su trabajo. Además, la reputación de las entidades involucradas sería seriamente afectada y es posible que se les prohibiera recibir contratos en el futuro.

¿Deberían guardar silencio? ¿Qué deberían hacer los auditores?

_____
_____
_____
_____
_____
_____
_____
_____
_____
_____
_____
_____
_____
_____
_____
_____
_____

3. Mira esta situación ocurrida durante el «Abierto del Japón» en 2007.[13]

Este es el partido semifinal por el renombrado premio entre los chinos Wang Liqin (el rey del tenis de mesa) y Wang Hao (eventualmente, campeón mundial). Liqin falló en su saque cuando la pelota tocó su ropa. Sin embargo, los árbitros no lo vieron. Después de cierta confusión, Liqin se acercó al tablero de puntaje y dio vuelta la tarjeta él mismo entregándole el punto a Wang Hao y dándole la ventaja 12-11 a Hao. Wang Hao ganó el siguiente punto, el set y, eventualmente, el partido 4-2.

(También puedes encontrar un enlace a este video en la página de Cultura Financiera: **www.CulturaFinanciera.org/EsperanzaDeFuturo**.)

Si tú hubieses estado en su lugar, ¿qué hubieras hecho? Comparte el enlace en tus redes sociales y pregunta qué hubiesen hecho tus amigos...

Escribe tus ideas aquí:

_____

_____

_____

_____

_____

_____

_____

_____

_____

_____

_____

_____

La integridad en la Biblia

Personalmente creo que la Biblia es el texto que más ha influenciado la forma en la que vemos lo que está bien y lo que está mal en el mundo de hoy, especialmente en el mundo occidental. ¿Te gustaría ver algunas cosas que dice la Biblia con respecto al tema de la integridad?

Baja a tu teléfono o computadora el app de LOGOS Software y contesta estas preguntas tomadas del curso financiero *La aventura de navegar juntos:*[14]

1. Tener una vida religiosa no significa que seamos íntegros delante de Dios. Lee los siguientes versos y menciona los diferentes pecados cometidos por gente religiosa:

Jeremías 7.9-11

_____

_____

Mateo 21.12-13

_____

_____

Mateo 23.25

_____

_____

Tito 1.10-11

_____

_____

2. Lee estos versos y escribe por qué será que Dios demanda de nosotros absoluta integridad:

San Juan 1.14

_____

_____

San Juan 14.6

_____

_____

San Juan 16.13

_____

_____

1 Juan 5.7

_____

_____

3. Lee San Juan 8.44 y medita en quién le da vida a las mentiras que decimos.

_____

_____

Lee los siguientes versos y coloca al lado de cada uno cómo lo aplicarías el día de hoy, en nuestra sociedad, y qué significa cada uno para tu vida personal.

1. Proverbios 4.24

_____

_____

2. Proverbios 6.12, 16, 19, Proverbios 12.22 y Efesios 4.25

_____

_____

3. Proverbios 14.5 y 25

_____

_____

4. Proverbios 16.11, 20.10 y 20.23

_____

_____

5. Proverbios 23.10

_____

_____

6. San Lucas 3.12-14

_____

_____

7. 1 Corintios 6.7-10

_____

_____

Hagamos NEGOCIOS...

Cap 11

ES UN NUEVO DÍA

Algo ha estado pasando en nuestro continente en los últimos años. Me he dado cuenta de que la cantidad de jóvenes que me piden consejo sobre cómo comenzar un negocio ha ido en aumento. A decir verdad, me he encontrado en algunos lugares como el Perú, Paraguay, Colombia, Honduras y México donde hay un marcado incremento en el deseo de comenzar pequeñas empresas.

Por eso, antes de terminar este libro, quisiera darte algunos consejos sobre cómo comenzar una pequeña empresa que tenga las mejores oportunidades de éxito.

La Small Business Administración (SBA, por sus siglas en inglés) [Departamento de Pequeños Negocios], es una dependencia del gobierno norteamericano que ayuda a los pequeños emprendedores. En un artículo que leí hace algún tiempo atrás, escrito por Robert Longley, se dice que la SBA calcula que un poco más del cincuenta por ciento de los nuevos negocios mueren en los primeros cinco años de vida.[1]

La razón: falta de experiencia, de capital; malas decisiones económicas; inadecuada administración de productos y dinero, competitividad y una inapropiada proyección de ventas.

Si quieres comenzar tu propio negocio, te animo a que compres el *best seller* del doctor Larry Burkett llamado *Los negocios y la Biblia*, publicado por la editorial Grupo Nelson, la misma editorial que está publicando este libro. El clásico del doctor Burkett es una guía práctica de principios sólidos para manejar tu nuevo negocio. Te va a ayudar muchísimo.

También te recomiendo que busques un grupo de empresarios con los cuales estudiar regularmente y compartir experiencias. En Cultura Financiera abrimos regularmente grupos como estos para ayudar a empresarios en todo el continente. Visita nuestra página en **www.Cultura-Financiera.org** y pregunta por uno de estos grupos cerca de tu casa, o quizás puedas unirte a uno a través de la web.

Finalmente, me gustaría darte algunas recomendaciones que creo te pueden ayudar a desarrollar un pequeño negocio saludable. Luego de tantos años de escuchar historias de terror a lo largo y ancho del mundo, uno se va dando cuenta de que los errores se repiten, y que la mayoría se pueden evitar. Voy a tomar algunas ideas de un artículo que leí en inglés hace no mucho tiempo atrás y que escribió LaTisha Styles. Se llama «How to Start a Business» [«¿Cómo comenzar un negocio?»].[2]

1. Todo comienza con un problema por resolver y una idea para resolverlo: identifica un problema que necesite ser resuelto. A veces, uno mismo se encuentra buscando algo que no encuentra por ningún lado. A veces es un servicio que es difícil de conseguir o un producto que no existe.

Recuerdo cuando comenzamos a traducir material del doctor Larry Burkett y a enseñar alfabetización financiera en Chicago. Lo empezamos a hacer porque yo no podía encontrar material en español por ningún lado. Había una tremenda necesidad entre nuestra gente de habla hispana, pero no había materiales. Eso nos mostró un «espacio vacío» en el mercado y la tremenda necesidad de productos y gente que eduquen financieramente a nuestro pueblo.

Art Fry cantaba en el coro de su iglesia. Cada vez que marcaba con papelitos las canciones que cantarían del himnario, invariablemente se le caían al piso. Buscando una solución al problema, se le ocurrió usar una fallida goma que *adhería pero no pegaba* inventada por error por su compañero de trabajo Spencer Silver. Así nacieron los Post-it®, hoy con ventas de más de mil millones de dólares.

¿Cuál es el problema que tú crees que puedes resolver? ¿Hay alguna necesidad en la comunidad donde vives? ¿Qué problema te saca de tus cabales? ¿Cuáles son las cosas que te frustran? ¿Tienes alguna idea? Anota todas tus ideas en algún lugar. Explora tus ideas, compártelas. A veces, las ideas toman tiempo en hacerse realidad, pero si son buenas ideas, vale la pena guardarlas.

En ocasiones, la necesidad está y también la idea, pero la tecnología no ha llegado a desarrollarse lo suficiente. A veces faltan las leyes apropiadas o los proveedores no están listos para traer los materiales que necesitas. Espera con paciencia. Guarda tus notas.

2. Suma valor agregado al producto o servicio: ¿qué es lo que hace a este producto o servicio *mejor* que los otros que ya hay en el mercado? ¿Su precio? ¿Su calidad? ¿La forma en la que se ve o se experimenta el producto?...

Henry Ford producía autos como todas las otras empresas, excepto que sus «Modelo A» eran mucho más baratos. Starbucks nos enseñó a pagar sumas astronómicas de dinero, porque nos vendió junto con el café una experiencia. Bill Gates nos vendió conveniencia: su software no era el más sofisticado, pero era el más conveniente de usar.

Tenemos una amiga que comenzó un negocio de donas (o *doughnuts*) en Morelia, México. Las donas son uno de los productos de repostería más comunes. Sin embargo, las de nuestra amiga son un producto de repostería muy inusual: es una dona con todo el sabor y nada de culpa. Las donas de nuestra amiga no son fritas, son horneadas; no tienen leche de vaca, sino de soya; y todos los ingredientes son naturales y orgánicos. Eso es *valor agregado*, especialmente en una ciudad universitaria como Morelia. ¿Cuál es el valor agregado que tendrá tu producto o servicio? ¿Qué es lo que lo va a ser mejor o diferente?

3. Haz una prueba de mercado: no necesitas todavía escribir un plan de negocios. Simplemente prueba el producto o servicio en el mercado para ver si realmente hay demanda. Muchos jóvenes (y no tan jóvenes) se meten en el proceso de crear un documento para un producto que ni siquiera saben si va a ser aceptado por el mercado.

Lo mejor es, primero, hacer una pequeña prueba de mercado, con recursos propios. Empieza a vender el producto entre conocidos y amigos para ver si realmente tiene futuro. Ofrece tus servicios, primero, entre la gente que conoces, para ver si ellos te contratan. Si tus amigos no te contratan ni compran tus productos, mucho menos lo hará la gente que ni siquiera te conoce.

La prueba también te mostrará las fortalezas y las debilidades del negocio y te ayudará a mejorar la oferta. También te ayudará a clarificar conceptos y a comunicar mejor tu mensaje al momento de levantar fondos.

4. Realiza un plan de negocios: si el producto o servicio tiene aceptación, desarrolla un sencillo plan de negocios. No debe ser complejo, pero debe claramente mostrarte el camino hacia el éxito empresarial. Quizás no debería tener más de treinta o cuarenta páginas.

Hay muchos lugares donde puedes bajar de la Internet muestras y ejemplos de cómo hacer un buen plan de negocios. Nosotros recomendamos a los nuevos emprendedores que hagan una búsqueda en la web con la frase «plan de negocios, tecnológico de monterrey». El Tec tiene un muy buen programa de emprendimiento y tiene herramientas que han colocado en Internet totalmente gratis.[3]

También, el Instituto Gallego de Promoción Económica tiene un sitio muy interesante con una gran variedad de ejemplos de planes de negocios, de acuerdo al tipo de empresa que uno quisiera comenzar. Eso me pareció muy apropiado, porque cada empresa es diferente y cada ramo debería tener un encare distinto.

Sigue este Código QR para encontrar el sitio:[4]
También puedes encontrar un enlace a este sitio llamado Modelos Plan de Negocios en la página de Cultura Financiera: **www.CulturaFinanciera.org/EsperanzaDeFuturo.**

5. Resuelve la necesidad de capital: ¿cómo vas a levantar el dinero para lanzar el negocio? El crecimiento tiene una gran demanda de dinero en efectivo. Debes resguardar el efectivo a toda costa y prepararte para la cantidad de dinero que vas a necesitar el primer año de operaciones.

Normalmente, un negocio no gana dinero el primer año. Normalmente, pierde capital. Si el segundo año sale balanceado, es una bendición de lo Alto. Mi experiencia me dice que un negocio empieza a generar recursos recién en el tercer año de operaciones.

Entonces, eso quiere decir que necesitas resolver el problema de la necesidad de dinero para hacer funcionar el negocio antes de comprometerte a desarrollarlo. Aquí van algunas ideas con respecto al levantamiento de fondos:

> a) No busques un préstamo o financiamiento como primera opción. Deja que esa sea tu *última opción*. Naciste libre, mantente libre.
> b) Vende algo.
> c) Ahorra el dinero.
> d) Comienza con un negocio bien pequeño, de la nada.
> e) Busca inversores.
> f) Busca socios.
> g) Llega a acuerdos creativos con tus proveedores.
> h) Llega a acuerdos creativos con tus clientes (te adelantan parte

del dinero y te pagan el resto cuando tú entregas el producto).

i) Piensa en alternativas creativas...

Por ejemplo, tengo un amigo que en vez de rentar sitios en centros comerciales de lujo donde vender su mercadería, rentaba «paredes». Se acercaba a algún dueño de negocio que estuviera bien ubicado y que tuviera que ver con su producto y le rentaba una pared del negocio. Si su producto se vendía, se quedaba. Si el producto no se vendía, se podía mover libremente a otro lugar, sin haberse comprometido con dinero adelantado para el alquiler y sin tener contratos complejos que obedecer. Piensa creativamente.

Conocí una pequeña empresa de tecnología de informática que había llegado a un acuerdo con uno de sus grandes clientes para usar una de las oficinas del edificio del cliente como la oficina desde la cual operar.

El cliente se beneficiaba por la presencia in situ de los expertos (lo que significaba resolución mucho más rápida de sus problemas), y los jóvenes se beneficiaban por ahorrarse el dinero del alquiler, seguros y otros gastos asociados con el tener sus propias oficinas.

Establece acuerdos ganar-ganar con proveedores y con clientes que minimicen tu inventario y te permitan ahorrar dinero. «Un centavo ahorrado es un centavo ganado», decía sabiamente Benjamín Franklin[5] ¡y tenía mucha razón!

6. Mercadea tu negocio inteligentemente: de nada sirve tener una bodega llena de productos si no los puedes vender. De nada sirve tener un Máster en Administración de Empresas si nadie te está contratando de consultor. Puedes tener el mejor producto y ofrecer los más sofisticados servicios, pero si los clientes no saben que existes, ¡tu negocio está muerto!

Todo el esfuerzo en la creación de la compañía ahora descansa en tu capacidad de poder mercadear eficiente y eficazmente el producto o servicio que ofreces.

Haz un estudio de mercado. Lleva tu producto a la gente. Pídeles a los clientes que llenen una encuesta. Aprende de ellos.

Algunas sugerencias:

a) Protege tu «propiedad intelectual» (busca ayuda legal para proteger tu inversión de tiempo, trabajo y creatividad).

b) Registra el nombre de tu empresa.

c) Abre una buena y eficiente página web. Es tu imagen al mundo y tu portal de ventas más importante.

d) Incursiona en las redes sociales, pero no dejes que te absorba demasiado de tu precioso tiempo.

e) Sal a la calle. Encuéntrate con gente y ofrécele tu producto.

f) Compara tus productos con otros similares. No tengas temor de la verdad. La verdad es tu mejor amiga.

g) Compara tus sistemas y aprende de otros negocios similares.

h) Visita convenciones y encuentros del ramo al que pertenece tu negocio.

i) Desarrolla una base de datos para servir a tus clientes. Baja un producto bueno, bonito y barato de Internet para crear tu primera base de datos.

j) Controla tus gastos operativos.

k) Trata de maximizar ganancias tomando la menor cantidad de dinero posible para tus gastos personales.

l) Incrementa tu cartera de clientes y sírveles con excelencia.

m) Utiliza cada oportunidad que tengas para promocionar tu producto o servicio.

n) Invierte en la vida de otros. Siembra semillas de buena voluntad.

ñ) Invierte en el éxito de tus proveedores.

o) Invierte en el éxito de tus clientes. Cuando tus clientes y proveedores tengan éxito, también lo tendrás tú.

p) Trabaja consistentemente, con excelencia y paciencia. A su debido tiempo cosecharás el fruto de tu labor.

7. Abre tu negocio y ¡disfrútalo!: comienza a operar el negocio y, sin ser demasiado superficiales en el asunto, tómalo como un juego. Yo he notado que los empresarios que hacen lo que les gusta, ven su trabajo en la empresa como una forma de esparcimiento. El negocio les da energía, cada venta es una causa de celebración.

Uno debe trabajar duramente y por muchísimas horas más que en un trabajo normal. Pero el gozo de ver el negocio crecer y desarrollarse, ver a los clientes beneficiarse del producto o servicio, los amigos que uno hace a lo largo del camino y la libertad que ofrece el trabajar por uno mismo, no hay dinero que lo pague.

Es riesgoso, claro. Pero todo tiene su riesgo. El asunto no está en no tomar riesgos en la vida. El asunto es cómo los tomamos y cómo los manejamos. Tú puedes cambiar radicalmente tu futuro y el de tu familia si estás en la disposición de caminar por donde nadie lo ha hecho antes y hacer cosas que nadie ha pensado que puedes hacer.

Hace muchos años atrás, cuando yo era joven, inexperto y flaquito, había un muchacho llamado Juan que por un tiempo vivió en el Brasil. De ese país sudamericano sus padres se mudaron a Estados Unidos, donde Juan, con once años de edad, comenzó a asistir a una escuela de la ciudad no muy lejos de su casa.

Juan, sin embargo, tenía un problema: era zurdo (escribía con la mano izquierda). En esa época, se creía que los zurdos escribían con la mano izquierda porque tenían algún tipo de problema mental. Por eso, no era inusual que las madres del continente ataran el brazo izquierdo de los niños a su cuerpo para acostumbrarlos a escribir y funcionar con la mano derecha.

Un día, el maestro de matemáticas de Juan lo llamó al frente para que hiciera algunos cálculos matemáticos. Mientras Juan escribía en la pizarra con su mano izquierda, su maestro le dijo:

—Los zurdos son estúpidos, así que yo no espero que puedas resolver este problema ¡porque tú eres un estúpido!

A Juan hoy lo conocemos como John Scully: el que muchos años después se convirtiera en el famoso presidente mundial, primero, de la Pepsi y, luego, de Apple Computers[6] y que, según parece, podía hacer matemáticas para manejar empresas de más de ¡ocho mil millones de dólares!

Yo no sé dónde estará el maestro de matemáticas de John Scully el día de hoy. Pero una cosa sí sé: que si te importa lo suficientemente poco lo que los amargados que te rodean digan de ti y te enfocas en cumplir con excelencia el sueño que Dios colocó en tu corazón, puedes comenzar a ver lo que ojo no vio, ni oído oyó. Puedes llegar a lugares donde nunca has estado antes. Puedes cumplir sueños que todavía ni siquiera has empezado a soñar.

Es verdaderamente notable lo que puede ocurrir cuando uno hace lo impensable en el momento apropiado. ¿Será este el momento correcto en tu vida para comenzar a construir el sueño de tu propia empresa? Nada es imposible.

BÚSCAME EN FACEBOOK Y TWITTER: **AGPANASIUK**

PARA HABLAR CON TUS AMIGOS:

1. ¿Te animas a desarrollar un negocio propio? Trata de comenzar un micronegocio y hacer algo de dinero con un amigo o amiga. Será divertido y te mostrará el camino para desarrollar, uno que perdure a través del tiempo.

2. Si tienes pareja y quieren comenzar un negocito juntos en la casa, mira aquí por algunos consejos que te pueden ser útiles:[7]

También puedes encontrar un enlace a este video llamado «Los negocios en la casa» en la página de Cultura Financiera: **www.CulturaFinanciera.org/EsperanzaDeFuturo.**

Toma nota de la lista de consejos que les doy a mis buenos amigos Amarilis Rivera y Héctor Hermosillo del Club 700 Hoy:

_____

_____

_____

_____

_____

_____

_____

_____

_____

_____

_____

3. Una vez que tengas una idea de lo que quieres hacer, contesta las siguientes preguntas que aprendí enseñando por muchos años conceptos del famoso maestro de la administración moderna llamado Peter Drucker:

a) ¿Cuál será la misión del negocio?

_____

_____

_____

_____

_____

_____

_____

_____

_____

_____

_____

b) ¿Quiénes serán tus clientes (internos y externos)?

_____

_____

_____

_____

_____

_____

_____

_____

_____

c) ¿Qué es lo que valoran tus clientes?

_____
_____
_____
_____
_____
_____
_____
_____
_____
_____
_____

d) ¿Has tenido algún resultado en esta área hasta el momento?

_____
_____
_____
_____
_____
_____
_____
_____
_____
_____
_____
_____
_____

e) ¿Cuál es tu plan para producir y mercadear el servicio o producto que tienes en mente?

_____

_____

_____

_____

_____

_____

_____

_____

_____

_____

_____

_____

_____

_____

_____

_____

_____

_____

_____

_____

_____

EL milagro DE LA GENEROSIDAD

Cap 12

LA GENEROSIDAD NOS MANTIENE VIVOS

Cuando vivía en Chicago, tuve el privilegio de visitar muchas veces el Museo Field de Historia Natural.[1] Es un lugar único en el mundo. Cuando tengas la oportunidad, visítalo. Una de las colecciones que más admiro del museo es una de mariposas, aproximadamente unas noventa mil de ellas. Algunas muestran una belleza realmente impresionante.

Sin embargo, hay una gran diferencia entre una mariposa de colección que admiras en un museo y la que verías en el mariposario del Museo Nacional de Costa Rica[2] o en el Santuario de las Monarcas en Michoacán, México. Las dos tienen una belleza inigualable. Pero una está muerta y la otra está viva.

Esa es la diferencia entre una persona exitosa, que simplemente ha acumulado mucho dinero, y una persona que ha aprendido a ser próspera también en el área de su generosidad: la segunda tiene vida.

En la medida en que estableces tus valores para la vida, necesitas aprender a valorar profundamente la generosidad.

Una economía de mercado sin corazón se convierte en una jungla, en la que solamente el más fuerte sobrevive; o se convierte en un mar en el cual el pez más grande se come al chico. ¿Suena familiar la comparación? Si queremos llegar a la prosperidad integral, debemos empezar a valorar el amor y el compromiso hacia los demás expresados en actos de generosidad.

El famoso rey Salomón nos recomienda: «El alma generosa será prosperada; y el que saciare, él también será saciado».[3]

Esta no es una fórmula mágica proveniente de los profetas de la prosperidad. ¡Por supuesto que para prosperar necesitas hacer mucho más que simplemente dar dinero a otros! Pero un corazón generoso tiene lo que se necesita para ser feliz: sabe vivir desapegado de los bienes materiales y valora las cosas importantes de la vida.

Yo creo firmemente que una de las principales razones por las que Dios nos permite disfrutar de prosperidad es para poder compartirla.

Cualquiera que sea tu posición económica, creo que es importantísimo

que aprendamos a compartir de nuestras bendiciones. Si no lo hacemos, morimos un poco como personas. Hemos sido diseñados para compartir lo poco o lo mucho que tengamos; las alegrías y las tristezas. El egoísmo o la avaricia no nos caen muy bien al espíritu.

Esa es una de las razones, por ejemplo, por las que el Mar Muerto (en Medio Oriente) está, literalmente, muerto. El Mar Muerto se encuentra a 398 metros debajo del nivel del mar y el río Jordán entrega a este mar más de 6 millones de metros cúbicos de agua por día. Sin embargo, el Mar Muerto tiene un problema: solamente recibe agua, nunca la da. El agua, entonces, se estanca y, con la evaporación que produce el sol del desierto, la concentración de sal aumenta.

La concentración normal de sal en el océano es del dos al tres por ciento, mientras que la concentración de sal en el Mar Muerto es del veinticuatro al veintiséis por ciento, además del magnesio y el calcio. No hay vida que aguante ese potaje químico.

El Mar Muerto, con sus 1.000 kilómetros cuadrados de superficie, es grande, rico en minerales, y probablemente, el mar más conocido del mundo. Sin embargo, ha perdido la vida. Está vacío en su interior. La experiencia del Mar Muerto nos enseña, entonces, que el dar, luego de recibir, es un proceso vital para permitir mantener la frescura de nuestro corazón.

La generosidad demuestra madurez
No hay ser más egoísta en el mundo que un bebé recién nacido. Uno lo mira tan bonito en el hospital cuando está recién nacido... Sin embargo, ni bien llega a la casa, ¡se convierte en un dictador!

Ese pequeño y maravilloso monstruo te dirá a qué hora te vas a levantar, a qué hora te vas a dormir,¡si es que te va a dejar dormir!, cuándo vas a comer, qué vas a comer... y si no le gusta lo que le diste de comer, ¡te lo escupe en la cara!

Gracias a Dios, a medida que pasa el tiempo, ese bebé crece. Y en la medida en que crece, uno le puede ir enseñando a compartir: –Comparte tu juguete con tu primito –le dice la mamá.

–Jueguen juntos a la pelota –dice el papá...

Y así, con el correr de los años, este niño o niña va aprendiendo el arte de compartir y de dar. Hasta que un día se casa. Cuando te casas, algo muy raro te pasa. Lo primero, es que comienzas a tener tus propios dictadores en miniatura. Lo segundo, es que llegas a una etapa en tu vida en la que ahora que lo piensas bien, estarías dispuesto a dar tu propia vida por la de tus hijos.

Esa es una señal de madurez. El día en el que tú llegas a un punto en el que estás dispuesto a dar hasta tu propia vida por otros, es el puente en tu vida en el que has dejado las cosas de niño y has entrado en la edad de madurez emocional. El darse a sí mismo por una causa, por Dios, por los demás, es una demostración externa de que algo ha cambiado profundamente en nuestra vida interna.

¿Dónde te encuentras tú en ese camino? ¿Todavía estás esperando el sustento diario de tus padres? ¿Todavía sientes que el mundo da vueltas alrededor tuyo?... ¿O ya sientes que te quieres dar por una causa, que puedes dar algo de ti a Dios y a los demás?
Piénsalo.

La generosidad no requiere dinero, requiere carácter
En primer lugar, debemos aprender a dar con la actitud apropiada. En su famoso poema sobre la naturaleza del amor, el conocido Pablo de Tarso dice una profunda verdad: el dar, si no es por amor, de nada sirve. Puedo darlo todo, puedo repartir todo lo que tengo entre los pobres del mundo, puedo entregar incluso mi cuerpo en martirio por una noble causa. Pero si no lo hago por amor, de nada me sirve.[4]

Aquí no estamos hablando de religión o de religiosidad. Los religiosos también son unos farsantes si no ponen su corazón en sus ofrendas, a pesar de dar ciertas cantidades específicas de dinero en forma meticulosa. Los fariseos habían sido cuidadosos en dar la cantidad correcta, fueron fuertemente reprendidos por su actitud.

En segundo lugar, y esto es una creencia profundamente personal, debemos dar primeramente a Dios. El sabio Salomón nuevamente nos dice en sus famosos proverbios que debemos honrar a Dios con la décima parte de todas nuestras entradas y darle a él lo primero de todo el fruto de nuestro trabajo.

Si solamente das a una iglesia, parroquia, mezquita o sinagoga, eso solo es caridad. Pero darle a Dios es un acto de adoración y humillación delante de él. Es una excelente actitud personal que nos permite tener el encare apropiado en la vida.

En tercer lugar, debemos compartir con otros con alegría, no porque nos sentimos culpables o presionados al hacerlo,[5] sino porque amamos a Dios y al prójimo. Cada vez que voy a un servicio religioso y veo la cara de las personas cuando pasan el plato de la ofrenda, no veo la imagen de personas en una fiesta, sino la imagen de un paciente en la silla del dentista esperando una dolorosa extracción.

En cuarto lugar, debemos, de vez en cuando, estar dispuestos al sacrificio por amor a otros. Yo no creo que uno siempre tenga que dar sacrificialmente. Pero hay momentos en la vida en las que se requiere de un sacrificio personal, de decir «no» a ciertas cosas para poder ayudar a otros. Mis héroes son los cristianos griegos del primer siglo que vivían en una provincia llamada Macedonia[6] (no confundir con el país actual del mismo nombre).

Los macedonios, a pesar de estar en una terrible situación económica, en pruebas difíciles y en extrema pobreza, aun así le pidieron a San Pablo que les diera el privilegio de compartir de lo poco que tenían para los pobres de Jerusalén. Se entregaron ellos mismos primero a Dios, y luego a su prójimo, a pesar de sus circunstancias. Eso es tener carácter.

Mi buen amigo Brian Kluth[7] cuenta que conoció a una pareja de trabajadores religiosos africanos que vivían en una aldea del interior del país y sostenían a sus seis hijos con un salario de solamente diez dólares al mes. El misionero le dijo que una de sus grandes preocupaciones era que los niños de su aldea se estaban quedando ciegos por no tener un medicamento que costaba apenas cincuenta centavos por niño. Él empezó a pedirle a Dios que le enviara una persona rica que pudiera venir al pueblo y ayudar con dinero para comprar la medicina.

El tiempo pasó y el hombre rico nunca llegó. Finalmente, un día el amigo de mi amigo se dio cuenta de que en vez de pedirle a Dios que mandara una persona rica para resolver la situación, él podía tomar cincuenta centavos cada mes y ayudar, por lo menos, a un niño. Cuando Brian volvió a esa aldea siete años después, el misionero le contó que todavía sobrevivían bien con sus U$9,50 por mes... ¡y que habían podido salvarle la vista a ochenta y cuatro niños!

Uno no necesita tener grandes cantidades de dinero para poder ayudar a otros. Uno simplemente tiene que tener los ojos abiertos y el corazón dispuesto para poder ser un elemento de cambio en el lugar en el que le ha tocado vivir.

La generosidad es un reflejo de nuestro ser interior

Había una vez un mendigo que estaba pidiendo dinero al lado del camino cuando pasó a su lado un famoso general romano llamado Marcos Augusto. El general lo miró y, con un gesto bondadoso, le dio unas cuantas monedas de oro.

Uno de los sirvientes del gran militar, sorprendido por su generosidad le dijo en tono muy respetuoso: –Mi excelentísimo Marcos Augusto, algunas monedas de cobre podrían haber satisfecho la necesidad de este mendigo. ¿Por qué darle oro?

El gran líder miró a su paje con una sonrisa a flor de piel y le contestó sabiamente: –Algunas monedas de cobre podrían haber satisfecho la necesidad del mendigo; pero las monedas de oro satisfacen la generosidad de tu amado general.

Aprendamos a dar en un nivel económico que no solamente satisfaga las necesidades físicas de los demás, sino que, por sobre todo, satisfaga la generosidad y la integridad de nuestro corazón.

 BÚSCAME EN FACEBOOK Y TWITTER: **AGPANASIUK**

PARA HABLAR CON TUS AMIGOS:

1. Comparte con algún amigo o amiga este comercial de la Asociación AFANOC[8] difundido por la televisión española. Es uno de los comerciales más emotivos que he visto. Me llegó hasta lo profundo del corazón. Piensa en el mensaje de fondo. ¿Qué nos enseña este comercial de TV?
Nota: el comercial está en catalán. Al final dice: «No te pedimos más de lo que puedes dar»...

(También puedes encontrar un enlace a este video llamado Para hablar con tus amigos en la página de Cultura Financiera: **www.Cultura Financiera.org/EsperanzaDeFuturo**.)

¿Qué es lo que puedes dar? Escribe algunas ideas:

_____

_____

_____

_____

_____

_____

_____

_____

_____

_____

2. ¿Por qué crees que a mucha gente en nuestro continente le cuesta compartir lo que tiene?

_____

_____

_____

_____

_____

_____

_____

_____

_____

_____

3. De acuerdo con el National Center for Charitable Statistics [Centro Nacional de Estadísticas en Filantropía]:

a) En Estados Unidos existen un poco más de un millón y medio de organizaciones sin fines de lucro.
b) Más de novecientas sesenta y tres mil de ellas, son organizaciones de ayuda directa a individuos.
Los norteamericanos dieron en el año 2011 la friolera de 211 mil millones de dólares a organizaciones sin fines de lucro.
El porcentaje más alto (treinta y dos por ciento) fue a organizaciones religiosas.

¿Cómo crees que está la filantropía entre nuestra gente latina? ¿Por qué? Pregunta a tus amigos y anota sus respuestas.

_____

_____

_____

_____

_____

_____

4. Ahora haz la misma pregunta a un líder de edad mayor de alguna organización de benevolencia en tu país. Pregúntale a un líder en tu comunidad de fe.

_____

_____

_____

_____

_____

_____

_____

5. ¿Qué crees tú que se pudiera hacer para tener más organizaciones de ayuda en nuestras comunidades y cómo podríamos encontrar fondos para solventarlas?

_____

_____

_____

_____

_____

_____

_____

_____

_____

_____

_____

Continúa
APRENDIENDO

CONCLUSIÓN

CIRUGÍA ESTÉTICA Y MATEMÁTICAS

Mucha gente encara el tema del manejo del dinero como si fuese una operación de cirugía estética: si la haces bien una vez, ya no te tienes que preocupar por el resto de tu vida.

Pero aprender a manejar el dinero y construir un futuro mejor es como aprender matemáticas. Puede que cuando llegaste al final de cuarto grado creías que ya sabías todas las matemáticas que se necesitaba saber en el mundo: sabías sumar, restar, dividir y multiplicar. ¿Qué más necesitas aprender?

Sin embargo, a medida que pasamos por la escuela primaria, la secundaria, la terciaria, y algunos aun en los cursos postgraduados, nos hemos encontrado cada año ¡con las famosas o infames matemáticas!
Lo que ocurre es que en la medida en que crecemos y avanzamos en la vida, la idea se torna más y más compleja. Por eso, necesitamos matemáticas más y más sofisticadas.

Lo mismo pasa con el manejo del dinero. En este libro te he dado las bases para construir un futuro mejor para ti y tu familia. Te he brindado de corazón ideas y conceptos que te pueden evitar mucho dolor en el porvenir. Te he dado herramientas para comenzar el camino: cómo comprar tu primer auto, cómo elegir tu primer trabajo, cómo comenzar tu primer negocio, cómo administrar apropiadamente tu primer salario...

Si me haces caso, estarás caminando en la ruta correcta hacia la ciudad de la Prosperidad Integral (la ciudad del Bienestar). Si te extravías, siempre tendrás este libro y nuestros recursos a tu alcance para ayudarte a regresar.

Sin embargo, este es solo el comienzo. Es matemáticas de cuarto grado. Debes aprender lo que he compartido contigo, debes aplicarlo a tu vida y debes enseñarlo a alguien más. No te lo debes guardar. Enseñar estas cosas es la mejor manera de aprenderlas.

Y debes continuar creciendo y estudiando el tema. ¡Hay tantas cosas más que te podría haber dicho! ¡Hay tantas otras cosas que necesitas saber a lo largo de tu vida! Pero, para eso, tienes mis otros libros. Búscalos. Descárgalos de la Internet. Continúa creciendo.

Quiero dejarte con una historia que expuse hace tiempo atrás en un libro que se llama *Los siete secretos para el éxito*, y que ilustra perfectamente lo que quiero decirte en estas últimas páginas:

Recuerdo la historia de Carlos y José, dos amigos leñadores, que se encontraron en el bosque una mañana. Carlos le dijo a su compañero:
«Oye, José, ¿Por qué no vemos quién puede cortar más leña en un día?».
«¡Magnífico!», respondió su amigo. «¿Cómo lo hacemos?».

«Bueno, las reglas son sencillas: trabajamos cada hora por cuarenta y cinco minutos y descansamos quince. Nos tomamos un tiempo para comer al mediodía y hacemos lo mismo por la tarde. Al final de las ocho horas de trabajo, vemos quién ha cortado más leña, ¿qué te parece?».

«¡Me parece estupendo!», dijo José inocentemente y se fue a trabajar.
Sin embargo, cuando el astuto Carlos comenzó a cortar leña se le ocurrió una interesante idea: *¿Por qué, en vez de trabajar por cuarenta y cinco minutos y descansar quince, no trabajo los sesenta minutos corridos durante todo el día?*, se dijo a sí mismo. *De esa manera, cortaré mucha más leña que José y lo sorprenderé al final del día...*

La mañana y la tarde pasaron rápidamente mientras los leñadores trabajaban lo más arduamente posible para ganar la competencia. Cuando llegó el final del día, ambos amigos se juntaron en un claro del bosque para comparar el resultado de su labor.

Primero, fueron a ver el montón de leña cortada por el sagaz Carlos, quien sorprendió a José con una cantidad grandísima de leña cortada.

«¡Increíble!», dijo José humildemente, «Parece que estuviste bastante ocupado...». A lo que Carlos asintió con una falsa humildad de ganador.
Sin embargo, cuando fueron a ver la cantidad de leña cortada por José, Carlos casi se cae de espaldas: ¡Su contrincante había cortado casi el doble de lo que él había hecho en todo el día de trabajo!

«Pero... ¡Cómo puede ser!... ¡No es posible!». Gritó Carlos un tanto consternado. «¿Cómo puede ser que hayas cortado más leña que yo?». Se preguntó con incredulidad que le llegaba a lo profundo del alma.

«¿Cómo es posible que hayas cortado más leña», admitió el culpable, «si yo, en vez de trabajar cuarenta y cinco minutos y descansar quince, trabajé los sesenta minutos de cada hora durante todo el día?».

El buen José quedó un tanto pensativo frente a la sorprendente confesión de su amigo. Luego respondió:

«La verdad es que no sé por qué corté tanta más leña que tú... Lo único que sé, es que cada vez que me detenía a descansar por quince minutos, ¡siempre tomaba tiempo para afilar el hacha!».

¡Cuántos de nosotros creemos que llegaremos mucho más lejos en la vida simplemente si trabajamos más! Pero eso no es verdad: uno siempre debe tomarse el tiempo para afilar el hacha.[1]

Continúa aprendiendo. Afila el hacha de tu vida y ¡nos vemos en uno de mis seminarios o conferencias en algún lugar del continente!

NOTAS

Introducción
1. Jeremías 29.11 (DHH).

Capítulo 1
1. Kate Hilpern, «I Woke up Without My Memory», *The Independent*, 16 noviembre 2010, **http://www.independent.co.uk/life-style/health-and-families/features/i-woke-up-without-my-memory-2134920.html**.

2. A. W. Tozer, *The Knowledge of the Holy* (Nueva York: HarperCollins, 1961), p. 1 [El conocimiento del Dios Santo (Miami: Vida, 1996)].

3. Ver Mateo 6.9-13. El énfasis en los segmentos aquí citados es de parte del autor.

4. «Ethics in Marketing (Encyclopedia of Business and Finance)», **http://www.enotes.com/ethics-marketing-reference/ethics-marketing**.

Capítulo 2
1. Por las siglas en inglés de Global Positioning System [sistema de posicionamiento global].

2. Adaptado de Andrés Panasiuk, *¿Cómo llego a fin de mes?* (Nashville: Grupo Nelson, 2003), p. 3.

3. Marcela Gándara, «Tu Palabra», *Más que un anhelo* (Vástago Producciones, 2006).

4. Sección adaptada de Panasiuk, *¿Cómo llego a fin de mes?*, pp. 22-27.

5. Stephen R. Covey, *The 7 Habits of Highly Effective People* (Nueva York: Simon & Schuster, 1990), pp. 18, 19 [*Los 7 hábitos de la gente altamente efectiva* (Barcelona: Paidós Ibérica, 2005)].

6. Proverbios 12.22 (NVI).

7. Éxodo 20.16 (NVI).

8. Romanos 13.1-5 (NVI).

9. Génesis 14.22–23 (NVI).

10. Filipenses 2.4 (NVI).

11. 2 Corintios 6.14–15 (NTV).

Capítulo 3

1. Adaptación de una historia que los padres les cuentan a sus hijos en la India. Ver **http://www.ezsoftech.com/stories/mis22.asp**.

2. Nombre árabe que significa «rey» o «emperador». Viene del nombre romano «César».

3. Nombre árabe que significa «amado», «consentido».

4. *Ziziphus mauritiana*. También llamado kul, ber, ginjoler de l'India, ciruela india o, en Venezuela, ponsigué. Si lees inglés y quieres tener más información sobre este árbol de frutas tropical, mira el AgroForestryTree Database, **http://www.worldagroforestrycentre.org/sea/Products/AFDbases/af/asp/SpeciesInfo.asp?SpID=1723**.

5. F. L. Emerson, *Reader's Digest* (marzo 1947). Ver *The Yale Book of Quotations*, ed. Fred R. Shapiro (New Haven, CT: Yale UP, 2006), s.v. «F. L. Emerson». Para más información acerca de la cita, ver «I am a great believer in luck...(Quotation)», de la Thomas Jefferson Encyclopedia, **http://www.monticello.org/site/research-and-collections/i-am-great-believer-luckquotation**.

6. Colin Powell, citado por Hargrave Military Academy, en su página informática de «GEN Colin Powell Center for Leadership & Ethics», **http://www.hargrave.edu/academics/leadership-colin-powell-center-for-leadership-ethics**.

7. Stephen King, *Danse Macabre* (Nueva York: Gallery, 1981), p. 88.

8. Proverbios 10.4–5 (PDT).

9. Proverbios 12.24 (PDT).

10. Proverbios 12.27 (PDT).

11. Proverbios 22.29 (PDT).

12. Andrés Panasiuk, *Cómo vivir bien cuando las cosas van mal* (Miami: Unilit, 2012), p. 135.

13. United States Department of Labor, Bureau of Labor Statistics, «Employment Projections, 22 mayo 2013, **http://www.bls.gov/emp/ep_chart_001.htm.**

14. Perfiles profesionales, **http://www.mi-carrera.com/home.html.**

Capítulo 4
1. Proverbios 27.3 (DHH).

2. «John Davison Rockefeller», New World Encyclopedia, http://www.newworldencyclopedia.org/entry/John_D._Rockefeller.

3. Finanzas para Todos, http://www.finanzasparatodos.es/es/comollegarfindemes/presupuestopersonal/mipresupuesto.html.

4. Mis Cuentas Claras, http://descargar.portalprogramas.com/Mis-Cuentas-Claras.html.

5. Una planilla de Excel producida por César A. Betancourt, www.betasoftmx.com.

6. Cynthia Kersey, *Unstoppable* (Naperville, IL: Sourcebooks, Inc., 1998), pp. 139-43 [*Nada me detendrá* (México: Selector, 1999)].

Capítulo 5
1. Ver «Maslow's hierarchy of needs: Abraham Maslow's Hierarchy of Needs motivational model», **http://www.businessballs.com/maslow.htm.**

2. Proverbios 22.7 (NVI).

3. Alex Veiga, «Divorce Causes: How to Avoid Money Problems In Your Marriage», Huffington Post, 17 mayo 2012, **http://www.huffingtonpost.com/2012/05/16/avoiding-marriages-no-1-p_n_1521232.html.**

4. «US Consumer Debt Statistics and Trends 2012», 7 enero 2013, **http://www.thecreditexaminer.com/us-consumer-debt-statistics/**.

5. Proverbios 21.20.

6. Thomas J. Stanley y William D. Danko, T*he Millionaire Next Door: The Surprising Secrets of America's Wealthy* (Nueva York: Pocket Books, 1996), p. 257 [*El millonario de al lado* (Buenos Aires: Atlántida, 1998)].

7. Ibíd., p. 1.

8. Ibíd.

9. Ibíd., p. 2.
10. Ibíd., pp. 9-10, 12.

11. Ibíd., p. 36.

12. Ibíd., p. 28.

13. Andrés Panasiuk, *La mujer que prospera* (Lake Mary, FL: Casa Creación, 2010).

14. «Dr. Andrés Panasiuk - Fondos para la vejez», video subido 19 noviembre 2012, **http://www.youtube.com/watch?v=WkB-HO-VwOPY.** Agradecemos la amistad del Club 700 Hoy.

15. Romanos 12.1-2 (DHH).

16. Adaptado de Andrés Panasiuk, *¿Cómo llego a fin de mes?*, pp. 57-60.

Capítulo 6

1. Adaptado de Andrés Panasiuk, *¿Cómo compro inteligentemente?* Recomendaciones de oro para que alcance la plata (Nashville: Grupo Nelson, 2003), pp. 89-114.

2. R. J. Brown, «P. T. Barnum Never Did Say "There's a Sucker Born Every Minute"», **http://www.historybuff.com/library/refbarnum.html**.

3. *Consumer Reports Buying Guide 2003* (Nueva York: Yonkers, 2003), p. 152.

4. «Average New-Car Purchase Price Rises in 2010», 15 julio 2010, **http://www.road-reality.com/2010/07/15/average-new-car-purchase-price-rises-in-2010**.

5. Buro de Crédito, **http://www.burodecredito.com.mx/index.html**#.

6. «Panasiuk arreglar el credito», video subido 19 noviembre 2012, **http://www.youtube.com/watch?v=PCb57m121o0**. Agradecemos la amistad del Club 700 Hoy.

7. Proverbios 22.26-27.

8. Proverbios 27.1.

9. Philip Reed, «10 Steps to Buying a New Car», 8 noviembre 2002, **http://www.edmunds.com/car-buying/10-steps-to-buying-a-new-car.html**.

10. Adaptado de «Leasing Basics. Edmunds' Do-It-Yourself Guide to Leasing», enero 2002, (ya no disponible), **www.edmunds.com**.

Capítulo 7

1. Proverbios 22.7.

2. Sección adaptada de Panasiuk, ¿Cómo llego a fin de mes?, pp. 124-27.

3. Para ser exactos: 11,38 billones. Ver «US Consumer Debt Statistics 2012», **http://visual.ly/us-consumer-debt-statistics-and-trends-2012**.

4. «How Much Is A Trillion?», About.com, **http://uspolitics.about.com/od/politicaljunkies/l/bl_how_much_is_a_trillion.htm**.

5. Art Markman, «Ulterior Motives», Psychology Today, 26 enero 2010, **http://www.psychologytoday.com/blog/ulterior-motives/201001/spending-and-credit-cards**.

6. Ver como ejemplo: Éxodo 22.25; Levítico 25.35-37; Salmos 37.21.

7. Mateo 5.37 (paráfrasis).

8. Eclesiastés 5.5 (paráfrasis).

9. «Dr. Andrés Panasiuk - Plan para pagar deudas», video subido 21 noviembre 2012, **http://www.youtube.com/ watch?v=qZq7iLWTrew**.

10. **https://itunes.apple.com/us/app/debt-tracker-hd-make- payoff/id515790589?mt=8**.

11. **https://itunes.apple.com/us/app/debt-free-pay-off-your- debt/id407366192?mt=8**.

12. «Debt Planner & Calculator», 21 septiembre 2013, **https://play. google.com/store/apps/details?id=com.kickinglettuce. debtplanner&hl=en**.

13. «Debt Payoff Planner», 8 agosto 2013, https://play.google.com/store/ apps/details?id=com.calculator.ccPayoffPro&hl=en.

14. **http://www.vertex42.com/Calculators/debt-reduction- calculator.html**.

Capítulo 8

1. Esta sección es adaptada de Larry Burkett, *Cómo manejar su dinero* (Grand Rapids, MI: Portavoz, 1993), pp. 124-28.

2. Preguntas adaptadas de «20 Questions to Ask Before You Say I Do», Themoneycouple.com, 20 marzo 2013, **http://themoneycouple. com/wp-content/uploads/2013/03/20-questions-single- page.pdf**.

Capítulo 9

1. Adaptado de Panasiuk, *¿Cómo llego a fin de mes?*, pp. 25-27.

2. Esta sección se toma y se adapta de ibíd., pp. 47-52.

3. Lucas 12.15.

4. Priit J. Vesilind, «The Driest Place on Earth», *National Geographic Magazine* (agosto 2003), **http://ngm.nationalgeographic.com/ ngm/0308/feature3/**.

5. Edward W. Bok, *Perhaps I Am* (Nueva York: C. Scribner's Sons, 1928), pp. 25-27.

6. Para más información sobre el experimento en «Stanford marshmallow experiment», ver W. Mischel, Y. Shoda, M. I. Rodriguez, «Delay of gratification in children», Science 244, no. 4907 (26 mayo 1989): pp. 933-38, **http://www.sciencemag.org/content/244/4907/933.abstract**.

7. Para verlo en tu computadora, puedes seguir este enlace: «El Test del Marshmallow (en ingles)», video subido 30 marzo 2013, **http://youtu.be/15EYojErld4**.

Capítulo 10

1. Frase atribuida a Robert Freeman in Bob Kelly, Worth Repeating: More than 5,000 *Classic and Contemporary Quotes* (Grand Rapids, MI: Kregel, 2003), p. 41.

2. Thomas Paine, *The Writings of Thomas Paine, Volume 1* (1774-1779): *The American Crisis*, del capítulo «The Crisis. XIII. Thoughts on the Peace, and Probable Advantages Thereof», versión consultada en línea, **http://www.gutenberg.org/files/3741/3741.txt**.

3. Charles E. Andrews, en una conferencia magistral dictada en la University of Maryland, en la Robert H. Smith School of Business, 2012. Ver Jessica Smith, «C. E. Andrews Dispels Business Myths at First CEO@Smith of Spring Semester», 2012, **http://www-old.rhsmith.umd.edu/news/stories/2012/CEOSmith-Andrews.aspx**.

4. Relato adaptado de Moody Bible Institute, «Today in the Word», octubre 1991, p. 22.

5. «Helping Countries Combat Corruption: The Role of the World Bank», septiembre 1997, **http://www1.worldbank.org/publicsector/anticorrupt/corruptn/cor02.htm**.

6. David L. Miller, «Integrity: Why We Need a Transfusion», entrevista con Stephen Carter para *The Lutheran* (julio 1996), **http://tatumweb.com/internet/integrity-01.htm**.

7. Thomas F. Schwartz, «"You Can Fool All of the People": Lincoln Never Said That», *For the People: A Newsletter of the Abraham Lincoln Associa-*

tion 5, no. 4 (invierno 2003): pp. 1, 3, 6, **http://www.abrahamlincolnassociation.org/Newsletters/5-4.pdf**.

8. Ver Éxodo 20.5-6; 34.6-7; Deuteronomio 5.9-10; 7.9-10.

9. Adaptado de Panasiuk, *¿Cómo llego a fin de mes?*, pp. 69-71.

10. Gálatas 6.7.

11. Para más información sobre esta cita, ver Quote Investigator, «You Can Easily Judge the Character of a Man by How He Treats Those Who Can Do Nothing for Him», 28 octubre 2011, **http://quoteinvestigator.com/2011/10/28/judge-character/**.

12. Institute for Global Ethics, «Honor the Cost of Philantropy. Business Dilemas», **http://www.globalethics.org/dilemmas/Honor-The-Cost-of-Philanthropy/20/**.

13. «Wang Liqin. Integrity», video subido 28 junio 2007, **http://www.youtube.com/watch?v=oF7yPuQ5p1I**.

14. Howard Dayton, *La aventura de navegar juntos* (Morelia: El Instituto para la Cultura Financiera, 2013), pp. 90-91.

Capítulo 11

1. Robert Longley, «Why Small Businesses Fail: SBA», **http://usgovinfo.about.com/od/smallbusiness/a/whybusfail.htm**.

2. LaTisha Styles, «How to Start a Business», *Young Finances*, 3 noviembre 2013, **http://youngadultfinances.com/how-to-start-a-business/**.

3. Ver, por ejemplo: Incubadora de empresas, «Formato de Plan de Negocios», **http://www.sal.itesm.mx/incubadora/doc/Formato_plan_de_negocios.pdf**.

4. También puedes ir a Igape, «Modelos Plan de Negocio», **http://www.bicgalicia.org/?option=com_guia&Itemid=122&lang=es**.

5. Benjamin Franklin, *Poor Richard's Almanac* (Nueva York: Caldwell, 1900), para el año 1736, p. 40.

6. Presence TeleCare, «MUST READ: Presence TeleCare talks with former Pepsi and Apple CEO, John Sculley, about overcoming his severe stutter», 12 octubre 2009, **http://presencelearning.com/blog/speech-therapy-telepractice/must-read-presence-telecares-interview-with-former-pepsi-and-apple-ceo-john-sculley**.

7. Ver «Los negocios en la casa», video subido 18 marzo 2013, **http://youtu.be/0D4gbZuJxp8**. También está en nuestro sitio de **Cultura-Financiera.org** y el canal en YouTube del Club 700 Hoy.

Capítulo 12

1. The Field Museum, **http://www.fieldmuseum.org**.

2. Museo Nacional de Costa Rica, **http://www.museocostarica.go.cr**.

3. Proverbios 11.25.

4. 1 Corintios 13.3 (paráfrasis).

5. 2 Corintios 9.7 (paráfrasis).

6. 2 Corintios 8.1–2 (paráfrasis).

7. GiveWithJoy.org, «Journey to Generosity True Stories», **http://givewithjoy.org/true_stories.htm#Day_1_-_A_single_mom's_grocery_money**.

8. «Càncer infantil», video, **http://www.afanoc.org/videos/33**. También se puede ver en YouTube: «Propaganda: Cáncer Infantil», video subido 18 septiembre 2009, **http://www.youtube.com/watch?v=Eem5WnN0GJE**.

Conclusión

1. Adaptado de Andrés Panasiuk, *Los 7 secretos para el éxito* (Nashville: Grupo Nelson, 2004), pp.39–41.

Acerca del autor

El doctor Andrés Panasiuk es uno de los líderes y conferencistas internacionales más respetados en Estados Unidos y Latinoamérica. Es escritor, maestro y comunicador social, llegando a millones de personas a través de sus libros, programas y conferencias.

Sus libros: *¿Cómo llego a fin de mes?* (galardonado por SEPA como el «Mejor Libro Original del año 2000»), *¿Cómo salgo de mis deudas?* y *¿Cómo compro inteligentemente?* han sido recomendados por importantes figuras del liderazgo latinoamericano y nominados por la Asociación de Publicadores Hispanos para diferentes premios, mientras continúan entre los más solicitados en su género.

El doctor Panasiuk participa con su experiencia como anfitrión y experto invitado en programas de radio y televisión de mayor audiencia del continente. Es el fundador del Instituto para la Cultura Financiera. Para más información, visite **www.CulturaFinanciera.org.**